成為有趣人的55條說話公式

吉田照幸——著
鄭舜瓏——譯

獻給曾經沮喪地對自己說：

「我一點都不有趣」的你——

這本書將告訴你，

和誰都能開心聊天的祕訣！

首先，謝謝大家閱讀本人的拙作《成為有趣人的55條說話公式》，非常感謝。能夠以序文的方式傳遞訊息給台灣的讀者，我覺得十分榮幸。

很遺憾，我還沒有去過台灣，但透過一些介紹台灣的電視節目或影像，台灣給我的印象是一個充滿活力的地方。

我從電視上看到台灣的攤販和客人之間的互動，感覺台灣人應該口才都很好，因此當我知道台灣有人「很煩惱不知道怎麼跟人溝通」時，嚇了一大跳。

提到台灣，我就會想到「算命」（在日本，台灣的算命非常流行）。

我以前有段時間很認真地學習「看手相」。當初的目的，是想把它當作一個溝通的工具，讓自己變得受歡迎。

替別人看手相，就能很自然地問別人的事情。有時候，別人也會主動過來跟我搭話：「可以請你幫我看手相嗎？」像有幾個工作人員平時和我很少交談，但自從我替他們看手相後，慢慢地大家就變熟了。透過看手相，我可以很自然地和對方聊天，而且聊得很深入。

曾經有一段時期，我心裡老是想著「我要表現自己」、「我一定要講自己的事」，其實「聆聽對方說話」才是加溫情誼的重點。

溝通是有對方存在才成立的事，光是傳達自己的想法並不足夠。

但我認為，學習如何傳達自己的想法，確實能讓溝通的內容更加豐富。

重點是，不光是想到自己，還要顧慮到「對方」的心情。一旦改變視角，你的溝通或人際關係也會有很大的不同。

如果這本書有幸能夠成為大家的溝通工具，就像「手相算命」對我的意義一樣，我會很開心。

吉田照幸

前言

就算你本身不夠有趣，還是可以說出趣味十足的話！

從公司回家的路上，被隔壁部門的大紅人A叫住，只好和他一起到車站。但這期間老找不到話題，氣氛有些尷尬……（他會不會覺得我很無聊啊？）

在喝酒聚會的場子，由於氣氛不熱絡，我靈機一動跳出來說了一件自己過去的失敗經驗，結果反而被我搞冷了（糟糕！後面要怎麼收拾？）。

旁邊的人因為我說話無趣而不和我講話，當他轉頭和另一個人說話時，卻聊得很起勁（明明我已經很努力表現了，為什麼對方不理我呢？）。

我想，任何人都有過類似上述的經驗吧？

人的煩惱十之八九都來自人際關係。問題到底出在哪裡呢？出在——溝通。包括自己想表達的意思無法傳達給對方、遭到誤解、聊得不起勁、無法使人發笑。

等一等，既然這樣，反過來想不就得了？**只要使人發笑，就能聊得起勁，將想要表達的意思傳達給對方，獲得對方的理解！**換句話說，有趣可以一口氣解決溝通上的所有問題！

身為電視導播和電視劇導演的我，曾經導過《菜鳥薪鮮人》（サラリーマンＮＥＯ）和《小海女》（あまちゃん），最近則負責導志村健首次在ＮＨＫ主演的搞笑短劇《隔壁的志村》（となりのシムラ）。我的工作幾乎都是和製作好笑的節目有關，每天滿腦子想的都是什麼東西好笑，什麼東西無趣。

漸漸地，我的日常溝通也開始出現變化，大家覺得我說話越來越好玩。

在這本書中，我會一一傳授我的祕訣。

三十五歲以前的我一直很氣自己，為什麼無法正確把心中想說的話，傳達給別人。我很努力想把話說得有趣，但大家卻都不覺得好笑。對於這點，我感到很不滿。

由於製作節目的關係，我必須和演員、工作人員互動。在這樣的過程裡，我突然發現了一件事：我真的有在聽對方說話嗎？在製作節目時，我是不是一直想表現出自己很幽默，也希望別人覺得我「說話很有趣」的樣子？

於是，我徹徹底底轉換了一個思考方向。首先，**去拚命欣賞別人「有趣的地方」**！

結果呢，周圍的人反應出現了劇烈的變化。

我非常確定——

就是，**顧慮別人心情，「替人著想」的心意才是「有趣」的關鍵**！

只要能做到這點，任何人都能成為有趣的人。

讀到這裡，可能有人會想退縮，心想：哎唷！我不可能啦！我嘴巴很笨。以前看過很多類似的書，但我還是學不會啊……

可是！我要告訴各位，這本書不一樣！因為……

這本書教的，是**讓不有趣的人，也能使人覺得他說話幽默的方法**。

每個人的笑點不同，所以這些方法不一定能打中所有人的笑點。但至少，用在你希望交好的人身上，可以發揮極佳的效果。

本書並非將大學教授或研討會講師的溝通技巧，重新整理一遍的理論書，而是從**工作的實戰經驗中，磨鍊出來的溝通妙技**。不過我保證，這些方法絕非只適用於業界，也適合日常生活的溝通。

想要擁有豐富快樂的人生嗎？請透過這本書，學習怎麼樣變得「有趣」吧！

前言

CH 01

想和別人聊得開心，先翻轉5個錯誤的觀念！

為什麼你說話不好笑？

CH 02

越聊越起勁，閒聊的7條公式

第一步，製造「有趣」的氛圍！

CH 03

稍微改變說話方式，就能讓對話變有趣的12條公式

CH 04

情境篇 20條有趣人的說話公式

CH 05

在演講、主持等場合，展現說話魅力的10條公式

CHAPTER 01

想和別人聊得開心，先翻轉5個錯誤的觀念！

為什麼你說話不好笑？

能帶動氣氛的人哪裡不一樣？

好想成為炒熱氣氛的人啊！如果我說話能有趣一點，可以將話題延續下去該有多好？我想，無論誰都曾有過這樣的念頭吧。

我認為，每個人都有能力炒熱氣氛。只是很多人會想：「我本身又沒有什麼有趣的經驗」、「我不擅言詞」就不敢積極主動說話。

其實，想要炒熱氣氛，並不需要「有趣的經驗」。

的確，有些人和搞笑藝人一樣，擁有逗人發笑的天分。但即使是一般人，在日常對話的場合，只要稍微下點功夫，動點腦筋，每個人都有辦法炒熱氣氛。

很多人都誤會了，以為「說話有趣」的要領，就是讓自己成為眾人的焦點，然後把氣氛搞熱。

說話有不有趣，由聽眾說了算。所以，能不能察言觀色，有沒有「替人著想」的心意，才是「說話有趣」的關鍵。

有些人總有辦法在適當的時機，迸出一句絕妙的評語，我們會覺得這種人「頭腦真好」、「真聰明」，其實這是因為他們在對話時，懂得秉持客觀，以及擁有一顆替人著想的心。

事實上，有趣的人，他說話真的有趣嗎？

有些綜藝節目的主持人，說話不一定好笑，卻能把現場氣氛炒熱，為什麼？

我覺得，我們對愉快聊天這件事有很多誤解。

在本章，我會一一說明，許多人認為好，但實際上是錯的冷場行為有哪些？

〈錯誤觀念1〉愉快的聊天，需要「有趣的話題」

愉快的聊天，不需要「有趣的話題」

話題中斷，對方沉默，氣氛尷尬。得趕快說點什麼才行啊！聊天氣好了……談話又句點了。有沒有什麼有趣的事情……啊！有了！

「那個，我前幾天本來去韓國玩，結果趕不上飛機。我跑得上氣不接下氣，結果還是沒趕上，真傷腦筋啊！」……對方沒什麼反應……該怎麼辦才好？

各位是不是有過類似的焦慮呢？

為什麼話題無法開展？首先，趕不上飛機並不是什麼希罕的事。其次，說「真傷腦筋啊」的時候，也看不出哏在什麼地方，讓人無法接下去。

誠如標題，想要聊得愉快，**不一定要聊「有趣的事」**。許多人都誤會了，以為這時候應該要「說一些有趣的事情」。

舉例來說，請各位回想電視上播出的綜藝節目。

能言善道的藝人幾乎都是用普通的語調說話。而每當有偶像藝人的回答很糟糕時，就會被當場吐槽：「我快受不了」、「出口在那邊，不送了。」觀眾看到這一幕大抵都會被戳中笑點，產生共鳴：「他替我說出心聲，真爽快！」真正有趣的說話方式，絕不是單純的插科打諢。

換個場景，上知識性節目的來賓中，同樣是學者，但待在研究室、沉浸在書本和論文世界的人說的話，和做田野調查以及做實驗的人說的話，有趣的程度也完全不同。待在研究室的老師固然能展現出他廣博的知識，但怎麼樣也不比擁有田野經驗的學者說話吸引人。

這兩個例子的共通點為，他們不會刻意把話說得有趣。當說話者表現出「想把話說得有趣」的意圖，聽眾就會顯得意興闌珊。

有些人碰到對話斷斷續續，氣氛熱絡不起來時，就會不服輸地想：「得說個有趣的事才行。」

其實呢，沒有這個必要。即使是綜藝節目也是這樣，出乎意料的反應通常比較有趣。這種自然的表現長久累積下來，就會成為一種標誌，之後你光是「站在那邊」，對方就會覺得你「很有趣」。

逞強的情緒會傳染給對方

與其勉強自己擠出一些有趣的事情，不如抱持著「享受對話」的心情和對方聊天。逞強的情緒很容易傳染給對方，反而會讓氣氛變得尷尬。假使說話的人沒有放輕鬆，聽者也沒辦法放鬆。一旦雙方都陷入緊張狀態，對話更不可能愉快。

如果你是女性，和一個緊張到一直流汗的男人約會，就算男方拚命說一些有趣的事，你看到對方這麼拚命，大概也很難放鬆得下來吧？

但假如聊天的對象是個態度從容、說話沉穩的人，我相信你的心情會比較放鬆，也不會感到拘束。這麼一來，雙方自然就能愉快地聊天了。

即使聊到後來沒有話題，氣氛變得有些尷尬，我相信對方也和你的心情一樣，所以不必覺得沮喪。

這時候你只要說一句：「哈，剛才空氣好像瞬間凝結了」，就可以輕鬆地化解尷尬，然後再展開下一個話題。對方甚至會因此感激你。

那麼，到底該聊些什麼呢？其實，聊天有不有趣的關鍵在於「問問題的功力」。

試問，我們最喜歡什麼樣的人？無非就是「關心自己的人」。所以，請大家聊天的時候，不要一直想「我要炒熱氣氛！」，而是要想「他是什麼樣的人」、「他心裡在想什麼」，抱持著好奇心不斷問對方問題，聽對方說話。先從這一點做起就對了。

公式 01

關心對方比「聊得愉快」更重要。

○ **有趣的人**＝會問問題。

× **不有趣的人**＝賣力地想說些有趣的事。

〈錯誤觀念2〉情緒高漲，才能炒熱氣氛

別勉強裝嗨

當大家去餐廳等熱鬧的餐飲場所時，仔細觀察每一桌的氛圍，你會發現有的桌「有時嗨，有時不嗨」，有的桌則是「一直都很嗨」。

請問，這兩者的差別究竟在哪裡？

話題有不有趣？人有不有趣？

不，這都不是重點。

差別在於，那一桌是一個人嗨，還是全部的人都很嗨！

不管是在聊天或宴會的場合，總有些人拚命地想要炒熱氣氛，縱使他做的很糟糕。這種人我稱作「不好笑的關西人」。我曾目睹過好幾次類似的場景。這些人大概在關西就已經不是幽默、會帶動氣氛者，來到東京後，卻逼著自己要努力成為那樣的人，結果當然慘不忍睹（當然，不只關西人會這樣。像我這種山口縣出身的鄉下人，來到東京之後，更會刻意表現出一副開朗活潑的樣子，想起來真的覺得很悲哀）。

自己明明不是這種人，卻要拚命裝作「很有趣」的樣子，這種格格不入的感覺，很難讓人覺得好笑。雖說如此，一般人還是會替他們留點顏面，禮貌性地笑一下，但這很容易讓人疲倦。結果就是氣氛無法持續熱絡，沒多久又會冷場。

這些人一開始就做錯了。請大家千萬不要假裝自己很有趣，保持自然才是培育「有趣種子」的最佳土壤。

公式 02

不要刻意炒熱氣氛，保持自然為上。

○ **有趣的人**＝一派自然的模樣。

× **不有趣的人**＝開場就裝得很嗨。

〈錯誤觀念3〉一定要有「哏」才好笑

有趣的話題不一定需要「哏」

一般人聽到「哏」，總覺得應該要精心設計，字字斟酌才行。當然，哏如果編排得好，真的會很好笑。

我以前擔任過搞笑短劇《菜鳥薪鮮人》的導演，有一集播的劇情，是關於壽司店老闆，非常受到觀眾歡迎。

劇中，有一位堅守職人精神的壽司店師傅，對為工作煩惱的年輕上班族說：「客人對我們而言，就像神一般的存在。」這位年輕人聽了大受感動！這時，一個年輕辣妹和ＩＴ公司老闆出現。辣妹吃完師傅做的黑鮪魚握壽司後，大聲地說：「哇塞！這真是全世界第二好吃的壽司！」

這就是哏。那這位師傅會怎麼反應呢？他的自尊心應該受損了，但因為他在不久之前才對上班族說：「客人就是我們的神」所以也不能表現出怒氣。他氣到雙手發抖，但仍向對方說：「……謝謝您的誇獎。」這裡又是一個笑點。

這個段落總共有兩個笑點。

「世界上第二好吃的壽司」這句話是經過設計的哏，一般來說，臨場反應做不出來。

但壽司師傅的「……謝謝您的誇獎」，則是飾演師傅的演員自然流露情緒，自動在腦中浮現的話。像這樣，**即使是普通的一句話，只要稍微停頓一下再說，還是能引人發笑**。

比如說，一名男職員被人緣不佳的上司邀去喝酒，他不想去但又不得不去，只好對女同事大吐苦水。

女同事：「聽說課長約你去喝酒？」

男職員：「對啊，可是我一點也不想去。」

假使換個方式，稍微停頓一下再回答，就會變得好笑。

男職員：「嗯……我一點也不想去。」

像這樣，沒有哏，只是將一句普通的回答稍作停頓，也能使對話變得有趣。

假使你想不出好的哏也不要氣餒。說話有趣的人，不是因為說話的內容有趣，而是他**懂得判讀「現場的氣氛」，並在「對的時機」說話**。

「那時候講很好笑，但現在講一點也不有趣」，大家是不是都有過類似的經驗？要戳中聽眾的笑點，「現場的氣氛」和「說話的時機」非常重要。

藝人也一樣，能夠察言觀色、看場合說話的人比較受歡迎。

當然，一般人也是如此。

不用費心鋪哏，只要懂得掌握現場氣氛，就可以戳中對方笑點。

公式 03

沒有哏也能引人發笑。

○ **有趣的人**＝停頓一下再說。

✕ **不有趣的人**＝以為有哏才有趣。

〈錯誤觀念4〉正向的話題才能聊得開心

有趣的話題不是「人的不幸」，就是「背後的真相」

很多人以為，想要聊得起勁，就要不斷地講一些愉快的經驗。比如說，旅行很開心、食物很好吃、工作很成功等等。當然啦，可以肯定的是，說的人一定很愉快。但聽的人呢？試著站在聽者的立場想，一直聽別人自吹自擂很有趣嗎？還是聽別人在旅行中遭遇到什麼樣的麻煩、吃到難吃的食物、工作失敗的故事比較有趣？什麼是笑料？某位著名的喜劇演員曾說，**「笑料」不是「人的不幸」，就是「背後的真相」**。

的確，大家聽到「人的不幸」通常都會笑出來，即使這麼做有些失禮。但旅行中的倒楣事，確實會比快樂的事更能取悅聽者。

那麼，什麼是「背後的真相」？

所謂「背後的真相」是指，**「大家都知道，卻沒人發現」**的事情。

說話風趣的人會從常人以外的角度看待事情，發覺事情「背後的真相」。

比如說，有一群人去「很多明星偶像會去的神社」參觀，神社的神官對他們解釋這座神社的來歷。

神官：「像櫻田淳子、森昌子、山口百惠★都來參拜過這間神社，後來她們都成了家喻戶曉的偶像，功成名就。」

普通人：「是喔，原來她們三個人來過這裡。」

有趣的人：「唉呀，看來有拜不一定會有保佑耶……」

→

這就是「背後的真相」

大部分的人都會不假思索地說：「原來她們三個來過！」但仔細想想這三人的

人生，就會發現：「成為偶像，功成名就……好像不太對。」發現這點後，後面的對話也會跟著改變。看法正不正確是另一回事，但能否察覺另類觀點才是重點。

所謂的「笑料」不是非得要說一些新奇的事情或趣聞不可，而是讓其他人驚覺：「你突破盲點了！」、「原來還可以這麼想！」

公式 04

有趣的對話來自「發現」。

○ **有趣的人**＝利用負面的話題，讓人發笑。

× **不有趣的人**＝一直講正面的話題，讓人覺得無趣。

★譯註：這三名年紀相近的藝人都是從選秀節目中竄紅，高中時期曾組成「花間三重奏」（花の中三トリオ），單飛後皆成為家戶喻曉的明星。但三人都在婚後退出演藝圈，後來的生活並非一帆風順，曾遭遇不幸的事件，或傳出一些負面新聞。

圖 1-1　有趣的人會「換個說法」

神官：「櫻田淳子、森昌子、山口百惠都來拜過這間神社。」

普通人：「是喔，原來她們三個來過。」

有趣的人：「唉呀，看來有拜不一定會有保佑耶……」

掀開有趣的人的腦袋瓜，看看他們在想什麼……

「櫻田淳子、森昌子、山口百惠」是怎麼樣子的人？

回想這三個人的人生

後來都退出演藝圈，人生不甚順遂。

發現！

「嗯，看來，有拜不一定有保佑？」

〈錯誤觀念5〉等現場氣氛熱絡起來，再加入圈子

不要在氣氛熱絡時，加入圈子

「有趣的人」經常意識到以下四種能力：

①聆聽力
②提問力
③理解力
以及
④沉默力

「有趣的人」絕對不會在一群人氣氛超嗨的時候加入他們。

請各位想像一下。當一群人正嗨的時候，突然有一個人插入話題，大家會覺得那個人「有趣」嗎？

A：「我曾經XXX。」

所有人：「哇，真的假的！」（超嗨）

B：「我也曾經XXX喔！」

所有人：「齁，是喔～」（氣氛多少冷掉一些）

就像是這樣的感覺吧？

當大家氣氛正熱絡的時候，插進去說：「我也是！」這樣的人會被看作是「有趣的人」嗎？不會吧。

真正「有趣的人」看到大家正嗨的時候，會保持距離旁觀。當然，假使你認為「我不需要別人認為我是有趣的人，我只想跟著嗨」，那就無妨。但我們仔細觀察那些常被稱讚「那人真會說話」、「那人的觀點好有趣」的人，加入熱絡的場子的時候，都會怎麼做？他們會跟著笑，面帶笑容地在一旁觀看。

他們為什麼這麼做？因為這個話題已經快結束了。假使這時再加入話題，追問剛才的狀況，反而會搞冷場子。

「有趣的人」看到場面很熱絡的時候在想什麼？

有趣的人看到場子很熱的時候，他們會**思考下一個話題**。

這很重要。

大家應該都有類似經驗，當場面嗨到最高點的下個瞬間，忽然鴉雀無聲。因為這個話題已經完全結束了。這時要再開另一個話題，重啟高潮是相當不容易的。

在這種情況下，還有辦法把氣氛重新炒熱的人將會受到大家矚目。

有趣的人會預先在心中模擬：**「該怎麼做，才會讓大家聊開來？」**

一般人在這時都會想講關於自己的事情，但正確的做法應該是，看現場的狀況，問別人問題，了解對方的想法，這才是成為「有趣的人」的捷徑。

公式 05

在氣氛正熱絡的時候，思考如何接續下一個話題。

○ **有趣的人**＝氣氛正熱絡的時候，思考「下一回合」的話題。

× **不有趣的人**＝氣氛正熱絡的時候，硬要從旁加入。

有趣的對話，就是「替人著想」

整理目前為止的重點：

- **與其聊自己開心的事情，不如聊對方喜歡的話題。**
- **與其自己一個人拚命地炒熱氣氛，不如判讀現場氣氛再開口。**
- **用自己獨特的觀點發表意見，但不要勉強。**

這麼多的技巧，總結一句話來說，就是「**替人著想**」。

簡單來說，就是用心為對方著想，希望對方高興。只要有這份心意，就可以和對方聊得起勁，笑聲不斷。你必須先分辨現場的氣氛變化，否則無法提供「有趣的材料」。心裡老想著「希望大家注意我」的人，只會自嗨，無法讓對方感到有趣。一開始就讓自己成為給予者，這是與人愉快聊天的第一步。

有趣的人由於可以客觀掌握場面的氣氛，所以才能暢所欲言。正因為他們確切掌握了場面的氣氛變化，不會感到焦慮，迷失自我。他們能「看懂場面」。而當氣氛尷尬、冷場時，他們能夠察覺到對方的心情，巧妙調整氣氛。

這本書要介紹的，就是教大家如何判讀場面，以及在什麼場合做什麼事，才能變成「有趣的人」。

公式 06

和誰都能聊得愉快的人，特別懂得「替人著想」。

○ **有趣的人**＝先想像對方的心情，然後再開始說話。

× **不有趣的人**＝老是想搶著說一些自己覺得有趣的話題。

CHAPTER 02

越聊越起勁，閒聊的7條公式

第一步，製造「有趣」的氛圍！

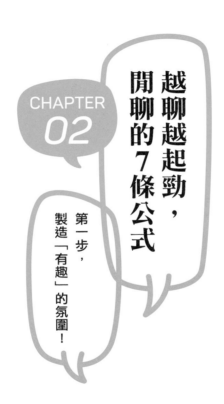

有趣的對話從「閒聊」開始

讀到這裡，可能會有人覺得：「好想趕快變成說話有趣的人。」請先別著急。想要和人聊得愉快，首先要有一個可以讓對方放鬆的「氛圍」。如同我們在第一章說過的，氣氛不對的時候，無法逗人發笑。想要營造對的氣氛，這時最有效的方式就是「閒聊」。不管是談生意或約會，通常都會從閒聊開始。其實有時候，事情能不能成功往往在開頭的閒聊就決定了。

想要「聊得起勁」，要先弄好開場氣氛。第一步，請先磨鍊閒聊的功夫，營造出一個適合對話的氛圍吧！

很多人聊天時，最煩惱的就是「話題無法延續」。

其實，話題無法接續的原因，與其說是話題太少，不如說是回答的方式有問題。請先檢視下列兩點：

・怎麼開話題

・怎麼回答（有趣嗎）

比如說，你和對方搭話：「每天加班真辛苦耶。」對方的回答大抵就是：「是啊，好累！」、「是呀，工作還沒上手。」、「月底了，沒辦法……」然後就接不下去了。

但換個方式問，就能接續話題。

「你好像每天都加班耶，**都加班到幾點呢？**」

「大概都到晚上十一點半左右。」

「趕得上最後一班電車嗎？」

「有時候剛好會錯過啊！」

稍微改變問問題的方式，就能讓對話持續下去。

回答的方式也是如此。假使你像接受面試般，只回答「是的」、「不是」、「沒錯」，不僅無法接續對話，每個話題一出現就會被你打掉，不斷重複，最後雙方陷入沉默。

本章要介紹的，是該怎麼問話與回答才能讓有趣的對話持續不斷。

絕對不要說「我也是」

A：「前陣子，我打高爾夫球打出了我的最佳成績。」

B：「我之前也去打高爾夫球耶～」

大家應該都有碰過像B這種動不動就把話題繞到自己身上的人吧？

各位是不是也曾經不小心成為這種「話題小偷」呢？

這種說話方式一定會讓人接不下去，當你說出口的瞬間，就等於被宣告出局。

「我也是」這個句型非常危險。

對方就是因為覺得自己的經驗很特別、很有趣，所以才想要跟你說。他一點也不想聽你的經驗。但如果你在這個時候說「我也是」，打斷他說話，等於間接對他說：「你的經驗一點也不特別。」

這時候，我們應該做的是「傾聽」。

「最佳成績！好厲害，打幾桿？」

「有用到長桿嗎？」

「哪間俱樂部，好打嗎？」

這種問法，才會讓說話的人開心。

當對方聊到一些有趣的事情時，應對方式也是以傾聽為主。

即使他說的事情，你早有過類似的經驗，也要回答他：「是喔，還有這種事，真有趣。」對方的心情才會舒服。

當對方正說一些自己覺得很特別的趣聞，你用「我也是」來接話，等於是打壞他的興致。這種說話方式不僅受人厭惡，還會有「話題小偷」之嫌。

而且，把別人說過的趣聞，用自己的立場再重述一次，這時得到的回應大多是：「是喔，這樣啊！」同樣的話題重複太多次，最後大家一定會用「是喔」作結。

既然如此，乾脆就讓對方一次說個過癮不是比較好？

我能理解大家都很想「聊自己」。

但至少等對方說完，直到對方問你：「你也遇過同樣的事嗎？」的時候再說。

假使沒有這個機會，那就專心地問對方問題就好，不要破壞他的「興致」。

公式 07

若對方先講了你知道的「趣聞」，就讓給對方講吧！

不要問可以用「YES」或「NO」回答的問題

我們常會在棒球直播節目的賽後訪談中，聽到體育記者對該場比賽表現亮眼的球員問：「您在最關鍵的一局打出適時安打，請問當你走進打擊區時，心情如何？」

這種問題問一次就算了，可是記者們總愛問類似的問題：

「擊出之後，您的心情如何？」球員聽到這個問題，也只能回答：「打出安打的時候，非常開心。」

還有其他像是「您會不會生氣？」或是「您很忙嗎？」之類，用看的就知道答案的問題，也是記者們最愛問的。

這類型的問題很難做出預料之外的回答，也無法豐富對話內容。

如果想讓對話變得有趣，只要先回想他的處境再發問即可。最簡單的方式，就是問一些能連結他過去的問題。

像是，「剛才第三局下半，您擊出了關鍵安打。我記得，最近這兩、三場比賽，您都沒有擊出球，請問您此刻心情如何？」

這樣的問法營造出一種戲劇性的氛圍。一名多次無法擊出球的選手，居然在關鍵時刻擊出球。如果記者可以這麼問，球員的回答必定截然不同：

「是啊，前面兩、三場比賽表現不佳，其實我心裡壓力很大。今天上場時，我告訴自己，一定要打破這個僵局，所以就放手一搏。」

他的回答變得更具體了。

若問：「您當時心裡在想什麼？」這個問題一點也不具體。

我猜，他心裡一定會這麼想吧：「當然是把球打出去啊，不然咧？」

什麼樣的問題讓人很難聊得下去

日常生活的對話也是如此。

假設你和別人聊天時問對方：「你高中的時候都做什麼課外活動？」對方回答：「我在棒球社當經理。」這時候你會問對方什麼問題？有些人會問：「當經理很辛苦吧？」這種問法，我想十之八九對方都會回答：「對啊，很辛苦。」然後這個話題就結束了。

問題的癥結在於，他問的是可以用「YES」或「NO」回答的問題，所以**話題在對方回答「是」或「不是」的時候，就已經結束了**。

為了避免這樣的狀況發生，你必須更深入理解對方的狀況，思索為什麼對方要做這件事。這點很重要。

我們都知道，棒球社經理是萬綠叢中一點紅的存在。因此，「女性去當棒球社經理」和「女性參加網球社」完全是兩回事，重點就在於你有沒有察覺到這一點。

假使有察覺，就不會問她「辛不辛苦」，而會問：

「你們家裡有人是棒球迷嗎？」

「棒球社裡有喜歡的男性？」

如此一來，對方可能會回答：「我爸是少棒的教練，我自己也有在打棒球。」、「嗯，一個很帥的學長，不過他就快畢業了……」如何？這麼一來，話題不就展開了嗎？

想要從對方身上引導出有趣的話題，只要把「**對方的處境**」作為切入點，就可以問出比較有發展性的問題，像是：「所以說，妳是對棒球有興趣，還是對學長比較有興趣？」或「您最近幾次狀況不太好，今天覺得怎樣？」

請大家想像一下，棒球選手面對以下這兩個問題時，會怎麼回答。

〈A〉

採訪者：「在那樣的情況下，您的心情如何？」

選手：「我心想，這一球一定要打出去。」

〈B〉

採訪者：「您前面兩次打席都被對方壓制，在關鍵時刻又站上打擊區，心情如何？」

選手：「之前兩次他都攻我內角，所以我這次有抓到他的球路。」

問的方式不同，回答者思考的面向也會不

我以前當過
棒球社的經理
明明是女生，
為什麼要加入棒球社……
而且是當經理……

想像對方的狀況，提出能讓話題變有趣的問題

一樣。

有趣的話題需要某種程度的戲劇性加持。最好的提問方式，是讓說話者本人主動想起他忘記的事情。但要問出這樣的問題並不容易，必須掌握對方的處境，並且一針見血地提問。要是做得到這點，你就有可能挖掘出更有趣的話題。

人會對關心自己的人打開心房

人們有一個習性，就是會對關心自己的人打開心房。

也許，對人而言，最有趣的話題就是「聊自己」。

所以，想要和人聊得起勁，「**問問題**」的功力很重要。

抱持著好奇心問與對方相關的話題，通常可以拓展出更多有趣的話題。如果想要「聊得起勁」，除了注意自己的應答方式，也要鍛鍊「問問題的能力」。

雖然要大家抱有「好奇心」，但面對初次見面的人，由於不曉得對方的來歷，也不知從何好奇起。這時，不要把心思集中在他本人身上，而是要注意他做了什麼。

打個比方，當對方說：「我的嗜好是射箭」你就可以針對「射箭」這項運動發問。因為一直把焦點放在「人」身上，很可能會遇到瓶頸，這時就要懂得靈活地變換話題。

公式 08

思考談話對象的「過去」與「立場」再發問。

與其問「幾點、哪裡、誰」，不如問「為什麼、怎麼會這樣」

有些人為了讓話題不中斷，會在對方回答的時候，思考下一個問題。我可以了解這些人的心情，但這麼做很可能會忽視對方放出的訊號，白白浪費可以拓展話題的機會。

不要擔心找不到話題，只要仔細聆聽，你一定可以發現「你有興趣的問題」。

這時，要注意的是，與其問對方「幾點」、「哪裡」、「誰」、「做什麼」這些情報，不如問「為什麼」、「怎麼會這樣」。

問了「為什麼」和「怎麼會這樣」之後，對方的形象就會清楚地浮現出來。

請看以下的對話——

A：「我高中時，當過棒球社的經理。」

B：「是喔，你們棒球社有幾個人？」

有些人會和B問一樣的問題。其實這是很危險的問法。除非對方回答的人數出乎意料的多或少，這樣話題還能接下去。但如果是回答正常範圍內的人數，那就沒轍了。

「你們棒球社有幾個人？」

「三十個人。」

如何？根本找不到下一個切入點，對吧？而且，「三十人」也到不令人吃驚的程度。這時候A心裡一定很著急，不知怎麼開啟一個新的話題。

試著改用「為什麼」、「怎麼會這樣」問看看。

「為什麼想當棒球社的經理？」

「因為學長找我去……」

這麼一來，這個話題絕非一句話就能聊得完了。

不過得注意，要是對方這時回答「**沒想太多**」的話，可能又會陷入另一個話題中斷的危機。這時，保持冷靜，繼續用「為什麼、怎麼會這樣」來提問。

「沒想太多喔？可是，總有一個關鍵的理由吧？比如說，誰鼓勵妳的，還是說，棒球社裡面有很帥的學長？」

換你主動提供具體情報，這樣子對方就沒辦法再用「沒想太多」回應。

「是有很帥的學長啦！不過，我喜歡的學長在籃球社。」

結果，對方不僅回答得很具體，而且還多了一個意外的切入點，「籃球社」。

一直圍繞在對方這個「人」身上，可能沒辦法問出太多「情報」。但只要問他「理由」、「行動」、「心情」，就可以知道對方是什麼樣的人，藉此拓展更多話題。

公式 09

要讓「話題延續」，多問「Why」和「How」。

將對方所說的話「圖像化」，就能想出新問題

有些人不擅長和初次見面的人閒聊，時常聊到一半就陷入沉默，無話可談，只能在心裡乾著急。即使他努力想說些有趣的話題，但換來的只是持續的沉默和無力感。

其實，如果聊天對象是初次見面，可能比熟人更容易聊。因為，你們彼此都不知道對方的事，你可以問對方的經歷，或一些無傷大雅的問題，只要不停地發問即可。

記住一個原則，假使不知道怎麼發問，「**從小學開始問**」準沒錯。

知道對方的出身和住哪裡之後，你可以問：

「小學的時候，你是活潑好動型還是內向型？」

「國中和高中都參加什麼社團？」

「大學的時候都在幹嘛？」

「你們學校遠足都去哪裡？」（有些高中會辦行軍遠足，要連走二十四小時。我第一次聽到也嚇了一跳，覺得很有意思。）

等等之類的，這些問題我想誰都能輕鬆回答。

重點在於，**不著急，慢慢問，直到問出特殊的話題為止**。就像在探測礦脈一樣，慢慢挖掘出「奇珍異聞」，或與自己的知識共通的話題。

怎麼問，才能想到更多話題？

問問題的訣竅為，把對方說的內容「**圖像化**」。

好比說，「學生時期都做什麼課外活動？」

「我曾當過棒球社經理。」（不好意思，又用了棒球社經理這個例子。）

這時候，**千萬不要說「喔，是喔」就結束話題**，一定要在腦中描繪出「棒球社經理」的形象，然後搜尋自己對「棒球社經理」的印象。

假如，你腦中浮現不出「棒球社經理」的形象，那就表示你對這項職務不了解，可以直接問對方：「棒球社經理都負責什麼事？」

又或者，你知道棒球社經理是做什麼的，你可以問：

「妳有進去過球員休息區嗎？」

「你們不是都要發表正式球員的名單嗎？妳唸名單的時候，心情如何？」

這樣，話題就會慢慢展開。

之後，你可以把談話帶到戀愛的話題：

「聽說經理和球員會擦出火花，是真的嗎？」

「也不一定啦，像我男朋友就是籃球社的。」

「是喔！那妳怎麼不去參加籃球社？」

像這樣切入，對話的氣氛就會越來越熱絡。

請善用「**圖像化**」和「**搜尋記憶**」這兩個技巧，話題就能源源不絕。

公式 10

在腦中想像對方所說的內容，挖掘新的題材。

不要死腦筋地解讀對方的話

解讀對方的話有分兩種，一種是可以讓對話持續下去，另一種則是讓對話立刻中斷。

上司：「有在打高爾夫球嗎？」

下屬：「沒有。」

這種回答方式，對話在一瞬間就結束了。

上司：「有在打高爾夫球嗎？」

下屬：「我不會打高爾夫球，不過我喜歡衝浪。」

這樣的回答好多了，感覺可以再延續一下這個話題。上司說不定會問他：「為什麼喜歡衝浪？」即使如此，這段對話能否持續下去，還得視對方（上司）的態度而定。

最好的回答方式就是——問問題。

下屬：「我不會打高爾夫球耶，好玩嗎？」

上司因為自己喜歡打高爾夫球，所以問下屬：「有在打高爾夫球嗎？」這時，下屬只要投其所好，問與高爾夫球相關的事，就能使對話延續。若是聽到不了解的地方，只要老實地問：「你說的那個是什麼？」通常，對方都會很樂意為你解惑。

有趣對話的重點，就是對話要順暢。

為此，你必須把話題的光譜盡量偏向對方有興趣的那一側。

在回答或發問時，必須一邊思考對方可能會有什麼反應。如此一來，對話便能一直持續下去。

公式 11

比起回答問題，更要想如何「延續話題」。

「回答」的內容要具體

與初次見面的人交談，大多數的人都會問對方的興趣，但假使得到下面這樣的「回答」，就會讓對話的溫度驟降。

「你喜歡聽什麼樣的音樂？」

「我都是看心情耶！」

「沒有特別的喜好。」

這種對話很快就會結束，毫無發展空間。更糟的是這樣的回答：

「喔，我最近都沒在聽耶！」

發問者聽到一定會感到非常洩氣。「你喜歡聽什麼音樂？不聽音樂？喔喔，抱歉，原來你不聽音樂。」

這種時候，回答的人要注意，最好加入「**具體的內容**」。即使你平常不太聽音樂，也可以這麼回答：

「我最近喜歡聽這一首。」

「我以前喜歡這類的曲子。」

假如對方也聽過一樣的曲子，就有話題可聊。即使不知道，對方也會問：「那是什麼樣的曲子？」

有些人你問他「興趣是什麼」，他可能回答「沒有特別的興趣」，但和他聊天的過程中，發現他明明有在上瑜珈課、學書法。其實對方是換了個說法回答：

「也不是什麼興趣啦，不過我最近有在學熱瑜珈。」

「熱瑜珈？那是什麼。」

這麼一來，雙方就有話題可聊了。

或許本人覺得去上瑜珈課不算什麼，但對方可能會覺得很有意思。不管怎樣，回答問題時，盡量加入具體的內容準沒錯。

一開始就要透過具體的發問，盡量收集對方的周邊情報

特別是在一群人聚會的場合，要注意開場的談話是否納入更多具體的內容。因為在中場以後，大家已經大概知道每個人的特徵，話題會傾向個人的想法和心情等抽象度較高的內容，所以**一開始就要積極收集對方的周邊情報**。

假使開場的時候毫無目的地東扯西聊，後面的對話將毫無進展。製作電視節目時，我們也是要求主持人和來賓，「表達一個意見或感想時，一定要配上一個具體的例子」，這樣話題才能拓展開來。

回答問題時，不用害怕對方不懂。比如說：

「基本上我喜歡硬式搖滾。你知道陰陽座嗎？他們是妖怪重金屬。」

就算對方不懂你所說的內容也無妨，說不定他們反而會很有興趣地問你：「那是什麼？」

任何話題都一樣，只要你講得越具體，越能得到對方的回應，甚至勾起他們的好奇心。**假使毫無目的地東扯西聊，對方也很難接話。**

活用範例

「還不到著迷的程度啦，不過我現在正在學瑜珈。」

「雖然說不上是興趣，但我最近開始踢室內足球。」

「我最近沒有看電影，但我最喜歡的電影是《回到未來》。」

「最近沒看電影，可是我很喜歡日本電影。」

「我以前很常聽佐田雅志的歌。」

公式 12

「具體的內容」可以讓對話更為熱絡。

反問對方問題

反問對方問題，是一個很基本的技巧。

大抵來說，對方會問某個問題，表示他本身很感興趣。換句話說，他想被人問一樣的問題，所以才發問。

所以，當對方問你「喜歡聽什麼音樂」時，你可以先回答自己喜歡什麼音樂，然後再反問：「那你呢，都聽哪些音樂？」這是非常基本的對話技巧，而且我相信，對方會很樂意回答你的問題。

立刻把話題還給對方

此外，接話的時候，要記得不要搶走對方的話題。

特別是不擅交際的聊天對象，很可能被你搶走話題後，再也接不下去。比如說：

對方：「國中的時候，我們學校規定每個人都要到海邊長泳，那真的很累。」

你：「我們學校也是耶！」

對方：「喔，這樣啊。」

對話到這裡大概就結束了。所以你應該這麼回答：

你：「我們學校也是耶！我想，這是讀靠海的學校共同的宿命吧？**欸，你都游多遠呢？**」

立刻把話題還給對方，不但可以持續話題，自己也樂得輕鬆。

一群人聚會，也要從「兩人」交談開始

一群人聚會時，也是很怕沒有話題可聊。

這時要注意的，是不要隨著場面的氣氛一起冷下去。

舉例來說，四個人聚會的場合上，你可以先問旁邊的人的概況。

這麼一來，只要聊到共通點，其他人也會自然加入話題。即使沒有共通話題，光是你和旁邊的人說話，就已經化解了大家的尷尬。

談話出現冷場時，大家都會覺得很尷尬。

特別是兩個人或初次見面的情況，對方也和你一樣，想趕快化解眼前的尷尬。

所以，這時候你只要丟出個什麼，對方也會「順水推舟」地幫你完成。

先不要擔心對話「有不有趣」，這之後再說。

緩解緊張的氣氛，才是首要之務。

公式 13

緩解緊張的氣氛，縮短人與人之間的距離為優先！

CHAPTER 03

稍微改變說話方式
就能讓對話變有趣的12條公式

為什麼他說話這麼有趣

透過閒聊炒熱氣氛、藉由發問讓對話延續、對方感受到被關心後心情大好、緊張的氣氛獲得緩解等等，前面兩章教的方法假使各位都有做到，就等於完成「暖場」的準備。

接下來，終於要進入本書的主題，那就是如何讓對方發笑。讓我們一起探究「有趣」的精髓吧！

在日常生活中，我們常看到有些人只是不經意地說出一句話，就能使全場哄堂大笑。他們說這些話時，不是裝模作樣，也不是刻意搞怪，而是若無其事地說。但也就是如此，才讓人覺得有趣。

由於他們並非刻意，所以一般人很難模仿，只能在一旁納悶：「為什麼他說的話就是這麼好笑？」雖然很難，但我們還是要挑戰看看。

大家不用擔心，其實只要掌握一個訣竅就可以了。

那就是「自我抽離」。簡單地說，養成「觀察自己和當下狀況」的習慣。

當有人對你說出無禮的話激怒你，你會反射性地回敬？還是暫時打住，從旁觀的角度認識自己的情緒：「啊！我現在正在生氣。」這兩種反應的思考方式不同，說出來的話也不一樣。

如果是反射性的回嘴，和對方的關係就會惡化。

但若是認識自己的情緒後，再做出反應，基於不希望和對方交惡的念頭，回應的方式自然會不同。

想要說話有趣，讓人發笑，前提是，**必須讀懂對方的情緒與現場氣氛。但這種能力必須在抽離自我、不被自己的情緒牽著走的狀態下，才能發揮出來。**

如果各位想在日常生活中，實踐這一章所列舉出的重點，記得要先養成「客觀看待自己」的習慣。這麼一來，你一定能夠發現一個過去從來不認識的自己，同時學會如何用一句有趣的話就讓現場的人大笑。

只要加一小撮的香料就能讓原本平淡無奇的對話笑聲不斷，請各位善加利用。

「有趣的人」懂得轉換説法

大家在綜藝節目中常會看到兩種角色，吐槽和裝傻。其實以對話來看，吐槽就是發問，裝傻就是回答。說話有趣的人懂得**在「回答」（回應）的時候，轉換說法**。

A：「今天晚餐吃秋刀魚好嗎？」

普通人：「又是秋刀魚?!饒了我吧，就算是盛產也不需要每天吃啊！」（回應）

A：「今天晚餐吃秋刀魚好嗎？」

有趣的人：「每天都能攝取ＤＨＡ真不錯耶～不過呢，攝取太多好像也不

好……」（回應）

在回應別人的評論時，很會說話的人會轉換說法。以剛才的例子來說，他會想，秋刀魚有沒有別的說法可以替代。這時，他腦中浮現ＤＨＡ，然後開始聯想「**ＤＨＡ↓對身體很好↓但是，每天吃會膩**」。

換句話說，當有趣的人想要轉換說法時，腦中進行的是聯想遊戲。使用這個方法可以豐富對話。同樣的話，換個說法不僅能讓對話內容更加活潑，還能像前面的例子一樣降低衝突，並且表達自己的意見。

透過聯想轉換說法

下面的例子是我在學生時期參加聯誼時受到的打擊。

Ａ女：「我覺得，吉田長得好像誰喔！」

Ｂ女：「……NABE OSAMI？（譯註：なべおさみ，日本諧星）」

結果，不管男性女性，大家都笑成一團。

這件事對當時還年輕的我來說，造成很大的心理衝擊。雖然我本來就不是什麼帥哥，但年輕的時候難免對自己的長相評價較高，沒想到被看作長得像「NABE OSAMI」（當然我的意思不是他長得不好看，只是，我想大家應該了解我的心情吧？），這時我該怎麼回應才好呢？

普通人會立刻否定：「才不像咧！」

因為生氣，所以否定。但這麼回應，一點也不有趣。當時我絞盡腦汁地想該怎麼回應，最後我這麼回答：

我：「不一樣，我可是考進來的喔！」

當時的 NABE OSAMI 因為被爆料他的兒子靠他的關說走後門進大學，所以當我這麼回答時，大家都笑了。

仔細分析整個過程，當我被說長得像「NABE OSAMI」的瞬間，我就在腦中思考，他是什麼樣的人。由於我內心受傷的部分是被人說「長得像他」，所以我開始搜尋和他「不像的地方」。

「NABE OSAMI」當時被「兒子靠他的關說進大學」的醜聞纏身。

→

但我不是靠關係進大學的。

這種靠聯想回應對方的方法，確實可以讓人發笑。

可是，如果你這麼說的話，當然也可能失敗：

錯誤的回應：「哪有！我長得比較像木村拓哉吧！」

過分誇張的玩笑，只會讓場面變得更冷，請多加注意。像這種時候，你最多可以說：「當然啦，和木村拓哉比起來，我是比較像NABE OSAMI啦？」這樣多少還能達到幽默的效果。

圖 3-1　轉換說法回擊

長得和「NABE OSAMI」很像

生氣

（最直接的情緒）

↓

客觀觀察自己

（讓自己冷靜下來）

↓

聯想

（新聞報導）

↓

重新思考

（聯想與 NABE OSAMI 相關的報導）

「被人爆料他的兒子靠他的關說進大學」

↓ 找出「不像的部分」

與自己連結，發現「不像的部分」

「不一樣，我可是考進來的。」

被人說長得像NABE OSAMI這件事對我造成不小的打擊，至今仍印象深刻。但我只用一句話，就把話題從「我長得像誰」改成靠關說進大學的醜聞，讓我得以從危機（至少對聯誼來說）脫身。漂亮的回擊，成功解除自身的危機。

活用範例

A：「覺得好像不太妙，難不成是不好的預感？」

B：「你想太多了吧？」

A：「不會啊，說不定我正和某種看不見的東西產生連結，發生感應。你看，無線網路也看不見啊！」

公式 14

「聯想」＋「轉換」找到活潑有趣的說法。

找出話中的「矛盾」和「新意」

要發現有趣事物，必須從兩個觀點著手，「發現矛盾之處」和「發現新意」。

先來說矛盾。

在某個討論送別會場地的場合，一位喜好美食的學長發表意見——

學長：「大家一起去《美食不孤單》介紹的店吃飯吧？」

如何，有感覺到矛盾之處嗎？表面上看不出來。但是，這種時候，

有趣的人會說：「大家一起去就不孤單了。」

能不能看出這個矛盾，就是有趣的人和普通人的不同之處。

「大家」一起去適合「孤單」享受美食的店吃飯，本身就是一種矛盾。點醒大家注意這點，就能使人發笑。這就是我們在第一章提到的「**背後的真相**」。不是只有說蠢話才能使人發笑。

「真相」這個詞，本身聽起來似乎有點嚴肅，可能有些人會把它往高深的方向解讀。但如同前面的例子所示，這裡所說的真相比較像是，讓人聽了會「恍然大悟」的事情。找出它，就能讓對話變得有趣。

老話也可以挖掘出「新意」

接下來，我來解釋什麼是「新意」。

我以一句有名的廣告台詞為例，告訴大家怎麼挖掘出「新意」。

某集《菜鳥薪鮮人》中，我採用了一個後輩提出的企劃，內容是惡搞《東京高校》（譯註：東進ハイスクール，日本知名的升學補習班）的廣告，把原本的考生替換成轉職者，而知名講師（還找了一個和廣告中長得十分相似的演員）則替換成職涯諮詢人員。

這部惡搞的作品，無論是音樂或是取鏡角度都和正版的一模一樣，推出後非常受到歡迎。幾年後，某大型汽車公司也模仿了東進高校的風格拍了一部廣告，使得「現在就做！」（今でしょう）這句廣告台詞在二〇一四年風靡全日本。

我抱著十分慚愧的心情在臉書這麼說道：

「接接接」（じぇじぇじぇ）拿下今年的流行語大獎，謝謝各位的厚愛。

「現在就做」也得獎了。但我內心五味雜陳。

因為《菜鳥薪鮮人》早在兩年前就做了東進高校廣告的 kuso 版，而且非常受

到歡迎。

我深夜獨自哀傷。這件事知道的人就知道。我不知道設計某大型汽車公司廣告的那個人會不會看到這篇文章，但假使NEO這個節目還在，我們一定會把這個當作吐槽自己的哏，告訴大家：這明明是我們先做的！

「現在就做！」

♫出場音樂　　下台一鞠躬……

「現在就做」本來是暗示大家迎向未來的一句話，但我卻把它拿來當成吐槽的哏，怨嘆自己太早做。

這就是巧思。

林老師（廣告中的東進高校名師）在廣告中的完整台詞是：「要做的話，現在就做」，意思是要大家「不要再猶豫」。但我的「現在就做」是指「好幾年前就做

圖 3-2　找出「矛盾」和「新意」

矛盾

明明是 **「孤獨」** 卻 **「大家一起」**

明顯矛盾！

新意

林老師說的 **「現在就做」** → 不要再猶豫，「現在就做」的意思。

↑

挖掘出新意

↓

那個哏應該留到現在再使用，**「現在做才對」** → 以前做過一樣的事，反正都要做，不如現在再做的意思。

過了，但時機不對，要做的話，現在做才對」。

這個技巧的程度稍微高了一些，但若能掌握好，大家就會覺得你機智過人。

說話有趣的人不會對別人所言照單全收，而是會告訴自己「先等一下」，然後迅速思考其他可能性。其實，這是一種類似習慣的反射動作，大家可以試試看，改變你對於語言的敏銳度。

公式 15

別人的話不要照單全收，稍微加入一點巧思。

吐槽之前，先肯定對方一次

前面我們已經說明過回應的方法。還有一種有趣的回應方式是，先順著對方的裝傻，不破哏，再吐槽。

〈A〉

「亞塞拜然在哪裡？」

「這裡。」（指著世界地圖中的日本）

「才不是咧！」（回應）

〈B〉

「亞塞拜然在哪裡？」

「這裡。」（指著世界地圖中的日本）

「喔，這裡啊……才不是咧！」（回應）

大家覺得哪一種回應方式能讓氣氛變得更熱絡些？一開始就說「你搞錯了」的話，對話就接不下去了。

對方根本不曉得亞塞拜然在哪，所以裝傻指著日本。**看到對方裝傻一定要先故意上當，之後再否定他**。故意上當還有一個好處，那就是把自己逼入窘境，這樣之後的吐槽，會更有力一些。

「喔，這裡啊……你以為我們是亞塞拜然人啊！」

當然，這種誇張的回應方式確實有點令人害羞，但抱著豁出去的感覺試看看，一定可以逗人發笑。

被損沒關係，先別急著否定

A：「我是不是太胖了？」

B：「肉吃太多了吧？」

A：「哪有，我沒吃很多肉好不好。」

B的說法真的讓人聽了很煩躁，但別急著否定，否則會讓氣氛降至冰點。這時，你只要順著對方的話說下去，就能引人發笑。

A：「我是不是太胖了？」

B：「肉吃太多了吧？」

A：**「就是啊，你看這個部位的肉（指著自己腹部）是最好吃的。」**

即使臨時想不到要接什麼話，只要先說「就是啊」，你的思考就會變得比較靈活，腦中自然浮現出有趣的話。

我認為在對話時，所謂的正向思考並非自我肯定，而是肯定對方和環境。

活用範例

（下屬不小心將自己的印章蓋在部長那一欄上）

「小X，當上部長啦！什麼時候升官的怎麼不通知一下？」

公式 16

「先肯定一次」的正面能量可以讓氣氛更熱絡。

聽完對方描述「好事」後，回應相反的經驗

前面提過，回答時最好不要說「我也是」。但假使自己曾有過與對方「相反的經驗」的話，那就另當別論。

這時，要是以自己**「相反的經驗」來回答，就能「戳中對方笑點」**。

請比較下面兩個例子：

〈錯誤示範〉

女性：「有一個先前感覺不大理我的人，之後透過朋友告訴我，其實他想多跟

我聊聊，所以我們約好下次出來見面。」

男性：「我也是，有一個我沒什麼印象的女性，主動跟我說想多聊聊，所以我們約好要見面。」

女性：「哦，這樣啊。」

在這個例子中，男性敘述自己經驗，和女性的如出一轍，整場對話就在女性回應「哦，這樣啊」後結束。

〈正確做法〉

女性：「有一個先前感覺不大理我的人，之後透過朋友告訴我，其實他想跟我多聊聊，所以我們約好下次出來見面。」

男性：「真的假的？我的經驗剛好完全相反。本來有自信可以成功搭訕某個女性，結果一出擊就被斷然拒絕。」

女性：「怎麼會這樣？好慘喔（笑）！」

這次不一樣了，男性敘述自己「相反的經驗」後，對話的氣氛就熱絡起來了。

聽對方說話時，若想更進一步引人發笑，可以一邊聽對方說的內容，一邊從自身的經驗中，找尋跟他所說的相反的趣事。這麼做的目的，是要讓對方覺得「自己的經驗很特別」。

對方在敘述自身經驗時，基本上會帶著些許自豪感，所以這時你只要貶低自己，就能引人發笑。貶低自己＝人的不幸，對方聽到你的不幸，就會覺得「好有趣」。

另外，要注意的是，假使對方敘述的是自己不幸，這時絕對不可以說你的相反經驗，這樣只會讓他更不開心，想想看是否有一個比他更不幸的經驗告訴他吧。

活用範例

（對方敘述挫折時，說一個比他還慘的事情）

A：「下禮拜要交的報告你寫了嗎？分量太多了，我還沒寫完。」

B：「什麼！我現在才想起來要寫報告。」（自己的狀況更慘）

公式 17

讓對方覺得自己的「好事」很特別。

在自誇中加入「自嘲」的要素

失敗經驗是讓對話變有趣非常重要的要素。其中，我建議各位可以積極使用的，就是「自嘲」的經驗。

但我們都希望別人看到自己美好的一面，所以會很想講一些幸運的事或自豪的事蹟不是嗎？

這時候，記得掌握一個訣竅「自誇的時候，不要以自誇作為結尾」。

簡單來說，就是在**自誇中加入「自嘲」**的要素。

直接看下面這個例子。

〈範例〉

「你住在哪裡？」

「港區的四十五層摩天大樓。早上九點到晚上十點有三個人在櫃台待命。」

「哇，你住在好豪華的地方喔！」

這裡如果用「還好啦」做結尾，你就會「給人留下不好的印象」。

所以你可以這麼說：

「不過，我是住在二樓啦！」

一般人聽到四十五層，就會覺得對方應該住在高樓層，但實際上卻是住在二樓。**這種落差感可以引人發笑**。而且，你可以再加碼：

「我最討厭和住高樓層的人一起走進電梯了。每次按二樓的時候，他們的眼神

圖 3-3　自豪中加點自嘲

對方感到安心，笑了出來

感覺像是在說：『是不會爬樓梯喔！』總覺得矮人一截。」

雖然住在四十五層樓高的大樓裡，但因為住在二樓，所以在這裡生活老是有一種「輸了」的感覺，這就是自嘲的要素。這麼一來，你就不會惹人厭，對方會認為：「雖然你住在很豪華的地方，但看待事情的角度和我們一樣。」

即使誇耀自己的事蹟，只要吐露一點自己覺得困擾的心情，就能引人發笑，拉近距離。

當然，你也可以這麼說：

「我雖然住在四十五層的大樓裡，不過三十六樓以上有專屬的電梯，我們這些住低樓層的還進不去呢！」

誘導對方問你想說的事

這招可以當作一張好牌備而不用，等有必要時再使出來。

只是，記得千萬不要一開口就說「我家住在～」這種炫耀式的說法，會讓你變成「討厭的人」。

正確的作法應該是先問對方：「你住哪？」對方回答你：「我住在ＸＸ」之後，通常也會反問你住哪。這時，你就可以使出這招。

為了說出自己的哽，你可以先問對方同樣的問題，誘導對方問你一樣的問題（或吐槽）。有趣的對話不能刻意，必須在自然的狀況下發生。

萬一對方沒有反問，就表示對方沒有興趣，你必須毫不猶豫地放棄這個話題。

活用範例

「我們公司頒獎給我耶！不過只有三千塊。」

「我多益成績九百分！但看到外國人還是會緊張得說不出話來。」

「我考上XX大學了！但我是候補上的。」

公式 18

「自誇」＋「自嘲」，讓人留下好印象。

「第一名」、「優秀」、「菁英」都是很好用的笑料

若你在談話的場合遇到優秀的人、菁英、在社會上擁有絕對價值的人或物，可別錯過這個可以逗人發笑的機會。

年輕時，我曾負責替節目暖場，就是正式開錄前，對觀眾說明節目的流程，並和觀眾互動，炒熱氣氛。那個年代的觀眾都是來賺外快的大學生，把參加節目錄影當作打工。由於這些人看過太多形形色色的節目，所以很難讓他們發出「哇～」的驚嘆聲。即使在這種狀況下，我的耳機仍然會傳來導播下達的不合理指示：「把氣氛炒熱！」

我記得，當時最痛苦的，就是某個綜藝節目有一集請落語家來表演的時候。現

在落語變得很流行，年輕人也愛聽，但在我那個年代，落語是只有老爺爺老奶奶才會看的表演。在這種情況下，要我炒熱現場的氣氛，實在難如登天。一開始，不出我所料，不管我怎麼講，大家就是沒反應。直到我提到某個點，大家才終於開始笑了。

我：「今天好像很多大學生耶，有青山學院的嗎？」

台下三三兩兩地舉手。

我：「這些都是我的學弟妹，難怪，和我一樣都是俊男美女。」

底下一陣低笑。

接著，我開始個別問。問了幾個人讀哪所大學後，我找了一個看起來很聰明的人問他：

「你讀哪一間大學？」

學生：「東京大學。」

我：「哇……真讓人討厭。」

這時，現場總算哄堂大笑了。

東京大學是日本公認錄取分數最高的大學，正因如此才有搞笑的餘地。但記得，不能直接表達討厭之意，而是要嘴巴上說「討厭」，但實際是捧高對方，貶低自己。**我的回答之所以好笑，是因為我有意無意地展現我的酸葡萄心理**。

一般來說，當你看到厲害的人事物時，請把它看作是「引人發笑」的絕佳機會。「絕對價值」是最方便的鋪哏材料。就因為其價值是絕對的，聽者不用前提就能進入狀況，產生共鳴。

比如說，有些哏說出來，只有自己內部的人才熱絡得起來，對吧？那是因為大家有共同的體驗，所以容易引起共鳴，進而讓現場氣氛嗨起來。而**「絕對價值」就是所有人的共同體驗**，因此很容易讓人進入狀況，引發共鳴。

像是以下這句話：

「這位是醫生，但他有痔瘡。」

痔瘡本來就是一個會引人發笑的詞彙。另一方面，幾乎所有人都知道醫生是做什麼的。因此，覺得「醫生和生病無緣」的人聽到「醫生有痔瘡」這句話，會因為「落差」太大而忍不住笑出來。

至於那些覺得醫生不注重養生的人，可能會吐槽：「先把自己醫好吧！」一樣可以引來笑聲。

公式 19

沒有鋪哏就沒有笑料。請充分利用絕對價值的笑料。

比喻有兩種，「狐假虎威」和「發現共通點」

想要說話變得有趣，懂得「比喻」也很重要。比喻如果用得好，聽者就會覺得：「這人真有趣」、「他真了解我」。

比喻大致可以分成兩種類型——「狐假虎威」和「發現共通點」。

①「狐假虎威」型

這種比喻是藉由厲害的人的事蹟來襯托自己。

好比說，當你想告訴對方「我必須改變自己」時，你可以這麼說：

「聽說鈴木一朗和王貞治每年都會改變打擊姿勢，難怪這兩個人的姿勢都很有自己的特色。我猜，他們是想挑戰自己的極限吧？真是不簡單。我就想，連這麼厲害的人都想改變自己，為什麼我卻一直原地踏步？」

對方聽完你這麼說後，可能會心想：「原來改變自己這麼重要，所以他也打算挑戰自我吧！」對你的行動產生更多同理心。

當然有些人習慣抽象地說話，比如說「我必須改變自己」、「是時候改變自己了」。但這種說法，可想而知對方大概只會覺得：「喔，這樣啊。」對話很難接續下去。

重點是，當你提到鈴木一朗和王貞治等「厲害的人」時，必須講出**自己都覺得感動的地方或具體的例子**。假如，你說：「因為鈴木一朗和王貞治都改變自己，所以我也要改變」，難免讓人覺得：「難道說厲害的人做什麼，你都要跟著做嗎？」

②找出共通點

某人想說明某件事，但一直找不到適當的說明方式時，你可以想出一個令他驚豔的比喻，問他：「**是不是就像ＸＸ一樣。**」對方一定會拍手叫好地說：「對對！就像那樣！」營造出一種相知相惜的氣氛。

以下面的對話為例：

「我之前去吃頂級牛肋排，超好吃的！」

「那是什麼？牛排嗎？」

「吃起來比牛排還軟……」

「烤牛肉嗎？」

「肉好像更厚一點。」

「**嗯——你是說像宮崎駿電影裡面出現的那種肉嗎？**」

「啊，對對，就是那種！看起來就很美味，對吧？」

「比喻」通常被用來說明具體事例，但在有趣的對話當中，它的作用是為了引起共鳴，幫助對方清楚描述出他想講的內容。同樣的例子，下面的對話就是錯誤示範：

「有多厚？」

「不知道怎麼說耶，可以自己選擇厚度……」

這樣的對話絕對熱絡不起來。你應該想出一個大家都知道的比喻，才能「引起共鳴」。

在短劇的笑料中，有一種叫做「有有有」的哏。那是藉由描述大家日常生活都會碰到的體驗，使大家噗哧地笑說：「有有有。」這種哏不用特別去鋪陳它，**只要能引發共鳴，就能使人發笑**。

要注意的是，有些人面對這種情況，會不耐煩地說：「你說什麼我聽不懂啦！」這種人註定只能成為「不有趣的人」，請多加小心。

活用範例

A：「不是一口氣賣光，而是一點一點拿出來賣……」

B：「你是說像《迪亞哥》那樣？」

（譯註：《迪亞哥》（DeAgostini）分冊百科，每期會針對不同主題做不定期的連載）

公式 20

「狐假虎威」有助於讓別人更認識你；「發現共通點」則能將事情說明得更清楚。

描述要「有節奏」並且「具體」

說話時，內容描述得越具體越有趣。

舉個例子來說，在燒肉店：

「不知道是不是年紀大了，最近肉越吃越少。」

「真的，年紀大了有差。」

這樣回答的話，對話大概就接不下去了。

若換個方向，回想以前食量大的時候：

「不知道是不是年紀大了，最近肉越吃越少。」

「對啊，以前來這裡，五花肉是必點的。」

這麼回答，對話就能繼續下去。對方可能會回想起之前共同經驗，然後說：

「對啊，ＸＸＸ燒肉店最好吃了。」

更高段的，還可以這麼描述：

「不知道是不是年紀大了，最近肉越吃越少。」

「要是以前，一定會點牛舌、里肌肉、五花肉、五花肉、五花肉、五花肉對吧。」

這樣的描述就充滿律動，「五花肉、五花肉、五花肉、五花肉」一口氣強調四次，其實是在暗示對方：「牛舌和里肌肉不過是形式上點一下而已，其實真正想做的，是從頭到尾都點五花肉。」而且不是三次，是四次！**這種再三確認似的說法，可以強化描述的力道**。

這種說法可以大家喚醒年輕時的共同經驗：「明明就想吃五花肉，為什麼非得從牛舌點起？雖然一開始點了牛舌和里肌肉，但其實最想吃的是五花肉，對吧？」引起對方共鳴後，對話就會變得有趣多了。

說得越具體，對方的專注程度越高

「具體性」有多重要，請看以下的例子就知道：

×「昨天我在東京巨蛋看棒球。」

○**「昨天我在東京巨蛋的內野區看棒球。」**

加了「內野區」三個子，聽者腦中就能浮現具體的畫面。

其實藝人上談話性節目，也是用這種方式說話。

「我高中的時候，認識一個叫山田的人。」

山田是誰，沒有人知道，可是無所謂。因為要是只講「高中的時候，有一個有趣的傢伙」，大家的印象會比較模糊，聽者的專注程度也會降低。

建議大家說話的時候，要注意內容是否具體。

公式 21

使用「具體的描述」，讓對方印象深刻。

尷尬的時候，搬出「主哏」化解

一夥人閒聊或聚會時，難免會遇到冷場，這時候，如果有一個話題可以即時化解尷尬，那該有多好。有的，這種哏就叫做「**主哏**」。

你必須事先想好一個主哏，用它來破題，炒熱氣氛。好比說，「身材苗條，其實胸部很大的女性」。

「別看我瘦瘦的，其實我胸部很大。」

實際上，她的身材根本不像她說的那樣，於是大家不明就裡地吐槽起來。

這時氣氛已經很嗨了。

然後她接著說：

「大家覺得我是什麼ＣＵＰ？」

大家都小小聲地回答。這時候男性早就嗨翻天了。

於是，她自己回答：

「Dream Cup（夢幻盃）。」

「什麼嘛！」、「原來是開玩笑！」大家開始接二連三地吐槽，氣氛變得非常熱絡。假使這時候她回答：「祕密。」氣氛就會Down下來。其實Dream Cup的D已經暗示答案了，這也正是這個哏最精妙之處，也就是我說的「主哏」。

只要事先準備好一個主哏，之後陷入尷尬的時候，隨時可以拿出來運用。

被稱讚時↓「哪裡，因為我是Dream Cup嘛！」

被挖苦時↓「還好我有Dream Cup。」

等等……可以不斷重複利用，製造出許多笑點。

「有有有哏」可以當作「副哏」

可能有讀者會認為：「蛤～可是我想不出Dream Cup這麼高竿的哏耶！」沒關係，你可以準備一個故事做為「副哏」，也就是可以引起人共鳴的「有有有哏」。

譬如，「有一次我等紅綠燈的時候，旁邊剛好站著兩個看似業務員的人。其中疑似上司的人對下屬訓話：『跑業務，最重要的就是聽顧客說話！』自個兒卻嘮嘮叨叨地說個不停」。這段話的亮點在於，不斷強調「聽人說話很重要」的那個人，自己卻一直碎碎念。你在講述這段話時，只要凸顯這個矛盾點，就容易得到共鳴：「有有有，就是有這種人！」

我再強調一次，所謂「有趣的話」就是能讓人有興趣聽的話。每個人都應該準備一、兩個保證大家都聽得懂的哏，緊急的時候就能派上用場。

以我來說，會以小學二年級時頭部左側損傷的故事（與腦部相關的話題），以及從九十八公斤中「浩劫重生」的經歷（減肥的話題）作為「主哏」。

有人說：「每個人都應該以自己的人生為主題，寫一本書。」我說：「**每個人都應該以自己的人生為主題，找出讓人發笑的哏。**」我建議大家一定要把它找出來。

切記，當你找出可以當作主哏的題材時，要趕緊記下來，以免忘記。我的做法是，寫進智慧型手機的備忘錄裡。

不過，「主哏」雖然方便，使用上必須多加留意。

最需要注意的是，**使用過一次，讓人發笑之後，就應該打住**。有些人使用主哏後，發現效果很好，便沾沾自喜地連續發動。這實在太浪費了，應該暫時打住，等待適當時機出現，再拿出來使用。

用過的哏可以「回收再利用」

當你還沒想出主哏，還有一個方法可用，那就是**重複別人說過的話**。

找出一、兩個在當天的話題中大家覺得最好笑的哏，然後牢牢記在腦海裡，等到下次又出現類似的情境時，再拿出來用。

以前述的「Dream Cup」為例，在普通閒聊的途中，換她說話時，你就可以找機會說：

「因為XX是Dream Cup嘛！」

大家又會想起之前的場景，很容易再次笑成一團。

訣竅就是把有趣的哏「回收再利用」。

在此，同樣要注意的是，用過的哏不要太頻繁地重複使用。一旦大家聽膩了，就再也無法「回收」了。

氣氛嗨過之後，就先打住，換一個話題，等到大家都淡忘了，再拿出來用，效果會比較好。

公式 22

主哏很好用，因此重複使用時要謹慎，別過度使用。

為什麼大家總愛聽「出乎意料」的事

前面提過，使人發笑的要素之一就是「**背後的真相**」。

套用在「人」身上也是一樣。

「（過去給人一絲不苟的印象）沒想到XXX意外地傻乎乎耶！」

「（過去給人溫順的印象）沒想到XXX該說話的時候，比任何人都敢講耶！」

要是你的評論夠「一針見血」，不只當事人，甚至是旁邊的人也會跟著笑成一團呢！

說穿了，所謂「好笑」，不只是「說有趣的事情」或「瞎起鬨」而已。**只要你能點出「背後的真相」，說到對方的心坎裡，總能引發笑聲**。這種笑和聽到趣事的笑並不相同。

我曾經有一段時間很認真地學習看手相。假設我對一個不多話的人說：「喔喔，你表面上看起來是個冷靜的人，但吵起架來比誰都狠喔！」如果猜對了，本人就會噗哧一笑。

即使沒猜中，對方也會說：

「呃，不是耶，我其實……」

接著，他就會開始描述自己，慢慢地觸及內心深處，談話的氣氛也會逐漸變得更融洽、熱絡。

最近很流行「心理分析」的ＡＰＰ，氣氛尷尬時可以拿出來和大家一起玩，也不失為一個好方法。

活用範例

「ＸＸＸ看起來沉默寡言，但其實還蠻健談的。」

「ＸＸＸ看起來很狂妄，其實也有膽小的時候。」

公式 23

感受到對方有不為人知的一面時，不妨說出來看看吧！

禿頭有分「討喜的禿頭和不討喜的禿頭」

有的禿頭很討喜，有的則不討喜。當然，也可以換一個說法：有的胖子很討喜，有的卻不討喜。

像是去聚餐時，看到一個沒見過的新朋友很明顯戴著假髮。他本人沒提到這點之前，沒有人敢談到這件事。慢慢地，每個人都發現到了，對話雖然沒有中斷，但是現場瀰漫著濃厚的緊張感。

如果這時，當事人突然說：

「哎呀——我猜大家都發現了。沒錯，我戴假髮！」

這個人主動化解大家的尷尬，很容易就受到大家的喜愛。大家會不自覺打開心房，覺得他很好相處。

懂不懂得「自我解嘲」，可以作為評量一個人是否風趣的觀察點。假設你不希望別人笑你，不想「自曝其短」也行，只是必須承受來自周遭無形的壓力：「他一定感到很自卑，所以才不敢承認。」與其這樣，不如自己先說出口，現場的氣氛會因此緩和許多。如果你能更進一步地釋出「大家可以盡量吐槽我沒關係哦～」這樣的善意，你就會成為當天聚會的焦點。

肥胖的人也一樣，若以肥胖為恥，旁人一定會察覺到這點。相反地，要是能主動敞開心胸地說：「我很胖，而且我最喜歡吃東西了！」反而會讓人覺得，你是個心理健康的人。

圖 3-4　如何成為「討喜的禿頭」

大家都很緊張，
不知道要不要說破

氣氛緩和下來！

「你看，我的肚子肥滋滋的，摸看看～」

假如胖胖的男生這麼一搞笑，大部分的女性都會一邊笑一邊摸說：「討厭啦，真的耶！」

覺得羞恥、想隱藏某件事，反而會讓現場氣氛更加緊張。

肥胖、毛多，這些容易讓人覺得自卑的特點，其實都可以引人發笑。

「你看你看，我的毛超濃密的」、「沒關係，你摸摸看」像這樣，即使對方不想摸，也會笑著說：「才不要咧！」

女性也是，譬如平常穿著打扮很樸素的女性：「別看我打扮這麼樸素，其實我是肉食女。」一般人聽到她這麼說，一定很想繼續追問下去。

然而，只有一個特點不能當作笑料，就是「臭」。因為，臭是生理反應，無法令人發笑。

活用範例

「（看起來很老氣）別看我這樣，我還不到三十歲哦！」

公式 24

自卑反而是最好用的武器。

自己覺得很有趣，但現場反應冷淡時的3個應對策略

「我明明說了那麼有趣的事情，卻沒有人笑。為什麼大家都不懂我的幽默？」

或許你也曾經這麼焦慮過。

這種情況，通常不是哏不好笑，而是說的方式出了問題。

〈症狀1：提早破哏型〉

A：「平常就很嚴肅的部長一本正經地找我過去，我還以為要說什麼，結果他說：『你那個伴手禮，可以給我一個嗎？』原來部長喜歡吃八橋（京都著名的和菓子）啊！」

B：「你是說部長跟你要八橋吃？」

從這段對話，我們很容易看出笑點在哪裡：平時嚴肅，位居上位的部長居然對下屬說：「可以給一個伴手禮嗎？」這種孩子氣的話。結果聽在B的耳裡，卻省略過頭了。**由於A沒有鋪陳（鋪哏），所以聽的人不明所以**。

沒做好鋪陳就提早破哏，對方根本不曉得有趣的點在哪裡。

另一個常見的毛病就是，一開始就跟對方說：「我告訴你一件很有趣的事。」這也是掃興的說法。因為聽者會自動提高期待值，要是事情根本沒那麼有趣，反而會有一種撲空的失落感。

還有一點要注意，就是話者為了詳細說明，鋪陳冗長，導致對方還沒聽到笑點就失去耐性了。既然你覺得某個笑點很有趣，就表示裡面一定藏有好笑的要素。所以，不要著急，冷靜鋪陳，適時地把笑點端出來就對了。

〈**症狀2：離題型**〉

第二種是越講越離題的人（女性朋友似乎特別容易犯這種毛病），聽這些人說話，我常常在心裡納悶：你到底想說什麼？或許說話的人不覺得有什麼不對勁，但對聽的人來說，簡直生不如死……（笑）只能在心裡嘀咕：到底想講什麼啦！有時繞了一大圈，說話者自己還會愣住：「咦，怎麼會聊到這？我剛才想講什麼？」

防範對策是，**說話前先確定「自己想講什麼」**。若途中不小心離題，就趕緊提醒自己。此外，根據我從旁觀察，那些講話老是離題的人，基本上都是捨不得丟掉東西的人。

〈**症狀3：偏重知識型**〉

比如說，在聯誼的場合，有一個人從頭到尾都在發表他對「現今漁業面臨的困境」的看法。他從漁業的歷史講到流通和國境的問題，滔滔不絕，讓人覺得不聽他說完好像很沒禮貌。但事實是，全場的氣氛早已冷到最低點。

這種只顧著炫耀自己知識的人，很容易忘記一件重要的事：其他人不一定有興趣聽。

假使你真的很想說，也請掌握一個重點，只發表「**可以和對方產生連結**」的知識。像是，服務生送來一道秋刀魚的料理，你就可以趁機展現關於捕秋刀魚的淵博知識，而且適可而止，在對方失去興趣之前，趕快打住。

公式 25

當聽眾反應不佳時，檢視自己是否犯了這幾項錯誤。

CHAPTER 04

情境篇

20條有趣人的説話公式

實踐！有趣對話所需的準備與勇氣

以棒球為例，選手們在練習打擊的時候，會練習用來應付各種狀況的打擊和觸擊技巧。

會話也是一樣，我們除了要磨鍊自己的會話能力，還要練習各種狀況發生時，要如何應變。簡單來說，本書的前半部屬於基礎練習，接下來要教大家的是實踐練習。

在實踐的行動中，你需要的是，**準備和勇氣**。

在工作上，我們常看到有些人會因為現場狀況沒有按照事先計畫進行，而瞬間陷入恐慌。

為什麼會這樣？

又比如說，做簡報也是，當事者常自以為已經做好萬全準備，但所做的準備，多半只是在修飾簡報而已。而且，都是複製之前有過成功經驗的做法，但這樣根本稱不上準備。只考慮自己的狀況做準備有一個風險，那就是當現場發生突發狀況時，會捉襟見肘。

準備最重要的，就是掌握即將面臨的狀況。你必須根據對方公司的規模，或之前的來往紀錄等情報，改變你提案的方式。會話也一樣，包括對方人數的多寡、是工作或私人的場合等，聊天的話題和說話的方式也必須跟著改變。

另外，勇氣也很重要。即使腦中已經擬定好計畫，轉化為行動仍需要相當的勇氣才辦得到。反過來說，只要做足準備，剩下需要的就是勇氣了。

但是，精準掌握狀況並不容易。因此，在第四章中，我為各位準備了各種情境的會話範例，以及狀況的說明，讓你從明天起就能開始實踐。

請利用本書做好事前準備，然後在現場鼓起勇氣，使用這些技巧，你一定會很驚訝：對方的反應怎麼和之前差這麼多！

〈兩人對談〉

八分聽，兩分說

有時候，我們會碰到一些必須和不熟的朋友說話的場面，像是剛好在路上遇到同事，一同前往公司、回家時遇見順路的點頭之交等。

這種情況不宜急著讓對方發笑。

正確的做法是，**專心聽對方說話**。

當你為了使對方發笑，自顧自地說話時，對方多半也會露出笑容來回應，即使他一點也不覺得有趣（大家有發現這件事嗎？）。

因為現場只有兩個人，就算你說的話一點也不有趣，對方也會禮貌性地笑一下。現場只有你和他，他不笑不行啊！

尤其當只顧自己說話的人是男性，而聽者是女性時，情況就更嚴重了。男性會以為自己很幽默，於是更加拚命搞笑，但女性根本就是勉強擠出笑容，久了也會覺得疲倦。男性越拚命講，女性越覺得無趣。

人最開心的時候，就是有人聽自己說話的時候

那麼，**聊天時，對方通常什麼時候會笑得最開心呢？就是聊到關於他自己的時候**。換個說法，就是當別人對他感興趣的時候。

你只要問對方工作的事情、興趣是什麼、擅長什麼，對方就會越來越開心，講到忘我。記得，祕訣就是「**八分聽，兩分說**」。總之，這時千萬不要去想怎麼讓對方發笑。

特別是交情尚淺的朋友，更要注意這點。我曾經和一個初次見面的朋友一口氣聊了兩個小時。其中，我說話的時間大約占兩成。即使如此，對方仍覺得這天的對

話「很有趣」，事後還寫了一封電子郵件給我：「今天很謝謝你一直聽我說話，下次換我聽吉田先生說話吧！」

很神奇，對吧？我根本沒說什麼話，但對方卻想找時間多了解我一點。

不過使用這個技巧有一個大前提，那就是和不熟識的人一對一談話，而且對方也有意願想把氣氛弄好才行。

因此，最好的方法是，在對方為氣氛尷尬擔心之前，就先讓對方感受到「我想聽你說話」的善意，然後專心傾聽，聽到有興趣的地方就主動發問。唯有被問到時，才提起關於自己的事。光這麼做就十分足夠了。

想讓別人覺得「你這人真有趣」，祕訣就在於聽八分，說兩分。

看場合說話

公式 26

對方如果不是真笑，久了也會疲乏。

〈與朋友閒聊〉

好事以壞事收尾，壞事以好事收尾

和知心好友聊天，因為意氣相投，聊起來特別自在，這時你可以盡情說話無妨。但想要聊得更開心，可以參考這個祕訣：好事以壞事收尾，壞事以好事收尾。

〈好事〉

「我之前在百貨公司的活動中抽到頭獎耶！」（↓好事）

「好厲害！」

「可是頭獎是十公斤的米，我扛著它坐電車回家，重死了。」（↓壞事）

〈壞事〉

「昨天坐電車回家，車子突然停下來了。」（↓壞事）

「真慘耶！」

「因為車子一直沒發動，我想算了，直接走出車站找個地方喝酒，結果找到一間很棒的店。下次一起去吧？」（↓好事）

我們都會向好朋友抱怨，但「抱怨」也可以變得有趣，只要掌握兩個重點。第一個是**具體地描述**。你描述得越生動，對方就會聽得越投入。另一個做法比較高階，那就是把抱怨當作鋪哏。作法其實不難，**只要把抱怨「轉換」成正面的想法即可**。

〈一般人〉

「上司每次都買一大堆不怎麼好吃的糖果餅乾當伴手禮，叫我負責發送，同事們都面有難色，沒有人想拿，我就像瘟神一樣到處被拒絕。」

〈有趣的人〉

「上司每次都買一大堆不怎麼好吃的糖果餅乾當伴手禮，叫我負責發送，但同事們都面有難色，沒有人想拿，我就像瘟神一樣到處被拒絕。**不過，他偶爾沒有買時，我還會有點遺憾，心想：『蛤？為什麼這次沒有買？』**」

有趣的人會先說明上司的性格。既然是和熟識的朋友閒聊，可以描述得具體一點沒關係，對方一定會有耐心地聽完。

例子的最後，說話者加了一句：「不過，他偶爾沒有買時，我還會有點遺憾，心想：『蛤？為什麼這次沒有？』」會讓對方有遐想的空間：「你該不會其實還蠻喜歡吃的吧？」假使只是純粹的抱怨，就不會有這層效果了呀！像這樣，稍微鋪哏安排，抱怨也能變得有趣。

看場合說話

公式 27

正因為是好朋友，更能詳細描述內容。

〈與朋友閒聊〉

聊聊「最近迷上的事」

有時候交情越好，越容易陷入「沒有話聊」的窘境。

這時，你可以聊聊「**最近迷上的事**」。

「我最近突然很愛吃『柿米果』耶！一吃就停不下來，幾乎每天都在吃。」

「柿米果有很多口味喔，像芥末之類的，你知道嗎？」

越是芝麻綠豆的小事越有趣

「可是芥末口味的分量很少啊，雖然價錢和原味的一樣，可是我算過，真的分量比較少。」

「『柿米果』應該怎麼吃才對啊？感覺每個人的吃法都不同，有些人一定要混著花生米或綜合米果吃。」

只有和交情深厚的好朋友，才可能像這樣天南地北地聊一些芝麻綠豆的瑣事。

但這種看似「日常瑣事」的話題，其實需要相當敏銳的觀察。像是「最近我在網路上看到一個東西」或「最近迷上收集百事可樂的贈品」等，大家可以把日常生活中覺得有趣的事情先記在腦中，或是智慧型手機裡。

看場合說話

公式 28

因為交情深厚，「芝麻綠豆的小事」也能炒熱氣氛。

對上吐槽，對下裝傻

〈在職場受歡迎的祕訣〉

在公司受人喜愛的祕訣是「**對上吐槽，對下裝傻**」。

想要讓上司覺得「你這傢伙真有趣」，必須懂得適度的「沒大沒小」，秉持「有話直說」的態度就對了。

當上司說：「最近過得不太順利。」你敢當場回他：「您是指打高爾夫球，還是夫妻相處」嗎？假使你的上司是那種會回答：「別挖苦我了」的開明的人，那就不打緊，怕就怕他開不起玩笑，你一定會被擺臉色，接下來日子就難過了。所以說，了解上司的個性很重要。

根據我的觀察，**會受到上位者喜愛的人，通常是「有話直說的人」**。

而會疼「有話直說的下屬」的上司，通常是有能力的人。老是寵愛阿諛奉承的下屬的上司，基本上都是沒能力的人（沒錯，很會拍馬屁的人最後升官發財的不在少數。但這樣真的好嗎？每天在公司逢迎拍馬直到退休，就算升官發財，頂多到五十五、六十歲就結束了，不如開開心心過每一天比較有意思）。

試著讓自己說話變得「有趣」之後，你的工作和生活也會變得有趣。相反地，在工作上勉強自己「拚命拍馬屁」的人，在其他方面也很難成為「有趣的人」，一輩子都得過著「壓抑的人生」。

懂得判斷氣氛，適時吐槽並說出自己意見者，在有能力的上司眼中，就是「有趣的人」。說不定，上司會因為「這傢伙真有意思」，而拔擢你。

個人與組織或上司之間的相處和應對方式有很多種，至少勇於說出自己意見的人，有機會成為備受矚目、不可忽視的存在。

看場合說話

公式 29

在上位者對玩笑有幾分度量，在工作上就有幾分能力。

〈與上司、前輩說話〉

「不過，您這麼厲害，不用擔心」肯定＋吐槽，成為受人喜愛的下屬

我和上司說話時，一定會徹底扮演吐槽的角色。

大多時候，即使下屬裝傻，上司也不會吐槽回去。

所以我認為，假使上司說「應該是這樣」時，你大可吐槽回去：「沒有吧？應該是這樣才對！」

對上司而言，除了頂嘴之外，敢說出自己的意見、積極回話的下屬通常比較受到喜愛（站在上位者的立場想想就知道，上司通常會很在意自己是否受到下屬的信賴或被討厭）。

若你吐槽的功力練到一個境界，還有另一個好處，那就是提升自己的敏銳度和觀察力。

那麼，要怎麼做，才能讓會話變得有趣呢？

請大家比較一下這兩段對話。

〈A〉

上司：「我真的老了，最近覺得工作越來越吃力。」

下屬：「才沒這回事呢！」

〈B〉

上司：「我真的老了，最近覺得工作越來越吃力。」

下屬：「不過，您還是常常熬夜工作啊！」

上司在發牢騷的時候，骨子裡其實**希望有人跟他唱反調**。上司希望聽到的是被稱讚的答案，像是：「哪有，課長最厲害了」，藉此獲得自信。

在〈A〉的例子中，下屬回答「才沒這回事」看似已反駁上司，但這樣的說法不但容易冷場，也不會被認為是有趣的人。

相較之下〈B〉的例子呢？下屬說話的**內容變得稍微具體一些**，上司可能會心想：「嗯，沒錯，我現在還是會加班啊」，覺得自己的努力被看見，認同感又更高一些。不過，這還不是最好的回答方式。

〈有趣的對話〉

上司：「我真的老了，最近覺得工作越來越吃力。」

下屬：「不過，您到了晚上倒是挺有精神的。不是嗎？」

這個例子是**把對話的焦點從工作轉為「晚上」**。當然，這裡面藏有許多弦外之音，可以增添聽者的想像空間，讓人忍不住發笑。旁觀者聽到這句話可能會覺得這個上司「平常工作怎麼樣不知道，不過到了晚上卻是精神百倍」，被調侃的上司大概也只能苦笑吧。

稍微轉個彎，就能讓對話變有趣，類似的例子還有很多。

〈範例〉

上司：「我被XXX專務討厭了啦！」

下屬：「可是櫃台的XXX小姐都說，課長好帥耶！」

上司：「最近工作不太順利。」

下屬：「有什麼關係！您夫人這麼漂亮。」

直接回答的話，大概就是「沒這回事」等等，太過單調。當對方說他「被人討厭」時，你就先回想，誰對他「有好感」，然後再回答他。稍微轉個彎，就能增加

圖 4-1　加入「肯定對方」的吐槽

上司：「年紀大了，最近覺得越來越力不從心。」

下屬：「才沒這回事呢！」

（一般的回答方式）

→ **不怎麼有趣**

上司：「年紀大了，最近覺得越來越力不從心。」

下屬：「不過，您還是常常熬夜工作啊！」

（較佳的回答方式）

→ **可以鼓舞對方**

上司：「年紀大了，最近覺得越來越力不從心。」

下屬：「不過，您到了晚上倒是挺有精神的。不是嗎？」

（轉個彎，讓對話變有趣）

→ **增添對話趣味**

對話的「趣味性」。

「不過＋肯定」讓對話不中斷

大家只要謹記一個重點，那就是多使用「**不過＋肯定**」的說話方式。

我把這技巧命名為「**『即使如此，您還是會XXX不是嗎』理論**」。

只要能巧妙掌握這項技巧，你就不用煩惱話題會中斷。

〈範例〉

前輩：「你也知道我被調到新的單位，那裡的同事每天都在抱怨，連我的心情都受影響，變得很鬱卒。」

下屬：「我懂（表示同感）。學長是一個正向樂觀的人嘛！可是，待在那個單位也有它的優點不是嗎？（不過＋肯定）」

前輩：「是沒錯啦！這個單位是目前公司成長最快的部門，不過工作量跟之前比多了一倍耶！」

下屬：「真的很辛苦耶（表示同感）。不過學長工作效率很高，沒問題的！（不過＋肯定）」

前輩：「我才剛被調過去，很多事情還在摸索中。」

下屬：「我可以想像那種感覺（表示同感）。但學長每次接到新工作，都能很快上手啊！（不過＋肯定）」

重點在「不過」之後，表達「肯定」之意。

只要重複**「同感」→「不過」→「肯定」**這個模式，對話就能一直持續下去。

不僅可以讓人發笑，還能提引對話的重點。

看場合說話

公式 30

上司或前輩對你抱怨時，表示他們想聽到「相反的事」。

〈對下屬、晚輩說話〉

說一個比他更失敗的經驗，「MORE 失敗理論」

對比上一篇，這一篇則是要告訴你：「和後輩說話時，要扮演裝傻的角色」才是正解。

簡單地說，就是聊自己的失敗經驗。

我舉個例子，有一個後輩因為企劃案沒通過，來找我訴苦，我跟他說：

「那有什麼！我剛進ＮＨＫ還是新人時，在討論企劃案的會議上，自告奮勇地說我想製作『硬式搖滾之夜』的節目，結果被大家嘲笑，比你還慘咧！」

講一個比對方更失敗的經驗，不僅能鼓勵他，還能引發共鳴。

這就是「**MORE 失敗理論**」。

一般來說，上位者在這時候的談話很容易流於說教，或談自己過去是如何克服難關。

但對後輩而言，說教只會讓人退避三舍。至於克服困難的經驗談，有時會造成反效果，因為後輩會覺得：「我又沒學長那麼厲害，不可能做不到。」甚至最後喪失自信心。所以，談失敗經驗反而是最好的方法。

後輩：「客戶看過我的企劃案了，但他似乎不太滿意。」

前輩：「我還曾經被人當面把企劃案扔在我身上說：『你這種東西根本不是企劃案』呢，你的情況我好太多了。」

後輩：「什麼！原來學長也有這種經驗。」

或者拿當年和他差不多時期的事蹟出來談也很有效果。

前輩：「我在你這個時候，根本就一事無成。跟我比起來，你好太多了。」

這麼一來，後輩的心情就能得到撫慰，還能縮短你與後輩之間的距離。之後，你可以再細問：「說真的，當時你的心情怎麼樣？」由於作下屬、後輩的，容易對上位者敬而遠之，如果由你主動發問，對話比較容易進行下去。

最應避免是，「都是因為你怎樣怎樣」或「你應該怎樣怎樣」的說話方式。很多人喜歡這麼說，但我相信沒有人喜歡被這麼說。**與其說「你應該怎樣」不如說「我覺得怎樣」**。

說教後，再用「噓寒問暖」蓋過去

但真的想說教的時候怎麼辦？

當然，該說的還是要說。說教完，你若覺得過意不去，可以加幾句「噓寒問暖」的話。好比說：

「最近，有去打高爾夫球嗎？」

「你女朋友（男朋友）還好嗎？」

圖 4-2　談自己的重大失敗經驗「MORE 失敗理論」

覺得反感

受到仰慕

這樣關於私生活的話題。

假設對方有家室，你可以問：

「你太太（先生）最近好嗎？」

「小孩最近好嗎？」

利用這些噓寒問暖，將前面的說教蓋過去。

詢問對方的私生活其實釋放了一種訊號，表示「**我有在關心你喔**」，同時也意味著，「雖然你在工作上失敗了，但我沒有否定你這個人」。

大家不覺得懂得這麼說話的上司是很有趣的人嗎？

想要成為這樣的人，祕訣就是留下破綻，讓下屬或後輩有機會吐槽你。

看場合說話

公式 31

下屬或後輩不想聽人說教，他們想重新找回自信。

〈開會〉

在做得到的範圍內，思考有趣的提案

怎麼做才能在會議中成為眾人矚目的焦點？關於這點，很多人都搞錯方向。

大多數人以為，只要提出公司沒在做的事情，就是獨特的提案。

但這樣的企劃大抵都不會被採納，只會讓那場會議淪為說公司壞話大會而已，像是「別家公司都怎樣怎樣，但我們公司就是不知變通」。我在ＮＨＫ裡面也遇過這種人。他告訴大家，他想做類似「男女糾察隊」的節目，但最後公司因為「民營電視台已經在做」為由，否決了他的提案。想做「男女糾察隊」，直接去那家電視台不就得了？更何況，他沒說清楚他打算怎麼做這個節目。

為什麼有些人的提案特別容易吸引大家注意，其實他們只做兩件事：

①沒有人聽得懂沒關係，先拋出一個性質差異很大的點子。

②之後再用大家所熟悉的事物來連結。

站在公司的立場來看，絕對不會貿然接受性質差異太大的點子。但如果提案的人真的有決心想做，就要想辦法說服公司。這種案子要是能成功，一定會得到很大的迴響。

以剛才「男女糾察隊」的例子來看，假如是要複製一個同樣的節目，根本就了無新意。相反地，若能在節目中加入自家公司的特色，公司不但容易接受，觀眾也會覺得很新鮮。

提案時不要聚焦在「有趣」與否

最重要的是，你能否坦率說出自己的想法。

戀愛和閒聊也是，有不有趣的分歧點在於，可不可以將自己的想法原原本本地傳達給對方。

這時候，千萬不要有「我這麼說，大家都會懂吧」的這種想法。要是你的提案不有趣，一定會被打回票。自己好不容易才發現有趣的點子，若不能順利讓對方理解，那就失去了提案的意義。重點在於，自己是不是「真的覺得很有趣」，以及能否順利傳達給對方。

舉例來說，假設你正在開一個會，是關於連續劇的企劃。

你可以先簡潔地說出你預想的設定（鋪哏）。

「一個待在關東近郊的洞窟四十三年，過著原始生活的男人的故事。」

由於這句話太過唐突，想必在座每個人臉上一定都寫著問號。

接下來，你開始說明自己覺得有趣的部分：

「不過，他並非一直是孤身一人。十三歲離家出走，他的狗跟著他跑出來。他捕過山豬，也曾拜託附近農家的夫婦收他為養子。他有過初戀，也曾和黑道幹架。他的人生波瀾萬丈，精采程度不輸給偉人，所以我覺得很有趣。」

透過具體的描述，**列舉出自己覺得有趣的重點**。最後，你可以這麼總結：

「這個故事的背景設定在現代。在這個不愛惜生命的時代中，這名男子漢選擇堅強地活下去。我認為，他的故事可以帶給許多觀眾勇氣。這麼有骨氣的企劃**只有我們家做得出來**，請給我機會，讓我試試。」

只要你不帶任何自滿，坦率地講出這一連串的話，就能把你的想法傳遞給在場所有的人，讓大家完全了解你的想法。

所謂「有趣」不光是讓人發笑，還要能讓對方再三回味。大家都喜歡聽，充滿直率、熱情的話語。即使最後這個企劃沒有通過，依然能留給對方好印象。當然，有的提案太過標新立異，讓人不好意思在眾人面前直率地表達自己的想法，覺得丟臉。但這種丟臉的感覺，其實只是為了維護自己的自尊心罷了。我也是矜持、臉皮薄的人，每次要報告標新立異的提案，都會在內心掙扎許久，但最後都是抱著豁出去的心情說出來。

而且，我在提案的最後，一定會連結到**「由我們公司來做，意義非凡」**以及**「只有我們公司做得出來」**這兩點。

在公司裡工作，意味著什麼事都得按照公司的傳統規範來做，但其實每個人內心都渴望新的事物。如果你能強調「怎麼做，才會有自家公司的特色」，大家反而會對你的提案抱持期待。

另外，若提案完全是公司從未嘗試過的新點子，最後可以加上一句「把它當作一個挑戰吧！」激發大家的勇氣。

但要注意的是，千萬不要說：**「我們一起來挑戰吧！」**這句話的言下之意是，不答應的人就是不敢接受挑戰，一定會有人心想：「幹嘛把我拉下水?!」

看場合說話
公式 32
其實大家都想做些「新鮮的事」。

〈開會〉

神奇吧！只要認同對方的點子，就能成為「有趣的人」

開會（包括簡報）其實可視為一種找出大家有興趣的點子的過程。若自己是提案者，在提案時不免會戰戰兢兢，害怕被否定。**但要是可以反向操作，從對方反對的意見中，提取出一個新點子，就能讓人產生興趣**。

舉個在會議上的例子——

對方：「這個設計可能無法獲得年輕女性的青睞，你覺得呢？」

你（提案者）：「說的也是，那麼找一個年輕女性喜歡的名插畫家重新包裝設計好了。」

這時，對方會因為你接納他的意見感到開心，並認為你「很懂他」。這個理論我稱為：**「願意聽我說話的人就是有趣的人」理論**。就提案者來說，自己也可以藉此發現新的觀點，挖掘出更棒的點子，這不是皆大歡喜嗎？

上位者更應該接納別人的意見

另一方面，如果你是上位者，就更應該少說多聽，多問：「大家覺得如何。」假使底下的人踴躍提出意見，「我想做這個」、「我是這麼想的」、「我覺得朝這個方向做不錯」你可以試著整理大家的意見，最後從中提煉出一個新的點子：「既然如此，我們這麼做好嗎？」獲得下屬的信賴。

上位者自己的提案若遭到否定，就會害怕「自己該不會被看作無能的人吧」，無意識地採取防禦的姿態，進而失去冷靜判斷的能力。

想要獲得下屬的信賴，你必須**一邊整理大家的意見，一邊仔細聆聽**，讓人覺得

「他有把我們的意見聽進去」。根據前述的「願意聽我說話的人就是有趣的人」理論，他們會覺得「你是有趣的人」。

請訓練自己，當你提出的意見遭到否定，即使心裡很生氣，也要反射性地回答：**「你說的（想法）也是有可能」**。當你說出類似的話時，也會開始檢討對方想法的可行性。

身為上位者，不需要勉強自己每一次的發言都要令人驚艷。最重要的，是你如何激發眾人的潛能，發揮團隊最大的力量。引導成員發揮自己的潛力，才是領導者最主要的工作。

看場合說話

公式 33

會聽你說話的人，也會把你看成是「有趣的人」。

〈接待客戶，與客戶聊天時〉

自我介紹要「適度自嘲」

與顧客見面時，一定會碰上需要介紹自己或自己人的場面。

這時候最好用的技巧就是**「自嘲」**。

〈由客戶開場時〉

客戶：「我們是透過ＸＸＸ得知你們的網站，看過之後，決定主動聯繫你們。」

自己：「我們網站的點閱數這麼少，感謝您居然找得到我們！」

客戶：「之前聽到您演講，我就想說一定要委託您們處理。」

自己：「那場演講我自己覺得內容很不錯，但卻沒什麼聽眾來呢～」

〈由我方開場時〉

「雖然我的客戶滿意度是全公司第一，但因為和客戶聊得太開心了，所以一直沒時間交男朋友呢！」

主動提及自己的缺點，就表示你是一個懂得客觀看待自己的人。這樣的人全身上下會散發出一種從容、自信的感覺，甚至給人留下「真性情」的印象，獲得對方的信賴。但自嘲也要有個限度，我建議不要貶低自己的工作內容或商品。

顧客：「我對這個商品很有興趣，所以打電話請教。」

業務負責人：「哎呀，這東西賣得不太好啦～」

要是這樣回答，我想這個商品大概永遠都不會賣。

介紹同事給客戶時，記得「先讚美，然後小小糗他一下」

有時候，我們必須介紹同事給客戶。

這時候就要使用**「小小糗他一下」這個方法**。

先讚美他，然後再提一個無傷大雅的缺點。

比方說，

「這位是我上司ＸＸＸ。他是我們公司的大將，但就是嘮叨了一點。」

「這是我的前輩ＸＸＸ，他人真的很厲害，我受到他很多照顧，不過就是小氣了點，一次都沒請客過。」

「這是我的後輩ＸＸＸ，他很努力，不過有時候會做白工（笑）。」

之類的。

有些人聽到你稱讚他，一定感到很開心，但卻不知該怎麼反應。這時，你稍微糗他一下，對方的心情就會放鬆下來。最重要的，是客戶會覺得你們公司同事之間的感情很要好。

「小小糗他一下」這招也可以用在自我介紹。

「我是新進員工ＸＸＸ。我工作很努力，找結婚對象也很努力。」

如果是說工作很努力，就僅僅在說「漂亮話」罷了。不僅無趣，也無法讓人留下印象。所以一定要輕描淡寫地再提一件別的事情來搭配。

重點在於**不要以漂亮話作結尾**。特別是一本正經的人，若自我介紹的內容以漂亮話結尾，一定會擔心對方的反應：「我把話說得這麼滿，不知道對方怎麼想？」這樣的氣氛，通常很難讓對話持續下去。

所以我建議是，不要害怕把糗事說出來。

那麼，要怎麼提醒自己呢？一個訣竅就是，時時提醒自己：「不要以漂亮話做結尾」。

再舉一個女性的例子。

男性：「ＸＸＸ長得好可愛。」

女性：「不過我房間很亂耶！」（自嘲）

男性：「真的嗎，有多亂？」

假設妳很喜歡這個人，妳可以這麼說：

「要來看嗎？」

對方如果真的過來看也不怕，因為妳已經醜話說在前頭，就不必擔心房間亂被看見。

我知道有些人對自己的容貌或口才感到自卑，沒有勇氣在眾人面前形容自己。但記住，只要告訴自己「**不以漂亮話做結尾的人容易受到喜愛**」，有時候會比較容易說得出口，請大家試試看吧！

看場合說話

公式 34

「不以漂亮話作結尾」，比較容易得到對方的關心。

〈接待客戶，與客戶聊天時〉

越是大咖，就越要跟他「閒聊」

當你有求於大咖或客戶時，你知道能否得到他們回應的指標是什麼嗎？**你和他們閒聊的程度**。

看到對方房間裡放著高爾夫球的優勝獎盃，你可以問：「您很常打高爾夫球嗎？現在這個季節正適合呢！」看到他書架上都是歷史小說：「您喜歡讀歷史小說啊！那您最喜歡歷史上的哪個人物？」試著找相關話題閒聊。

有些銷售人員喜歡開門見山地說：「現在，就讓我來為您說明我們的商品。」但請試著站在顧客的立場想一想，你會想跟這樣的銷售人員說話嗎？

人們有一個潛在的習性，就是不喜歡被別人說服。

看場合說話

公式 35

營造一個對方願意聽你說話的氣氛。

所以，最重要的是，先營造一個「**對方願意聽你說話的氣氛**」。

為此，你要表現出「我有在關心你喔」的感覺。至於如何傳達這個訊息，最快的方式就是「問對方問題」。

教導推銷術的書籍，常寫到要讀者懂得「推銷自己」。但假設對方根本沒有意願聆聽，你用什麼招數都沒有用。**試著先聽對方說話（最好是對方最有興趣談的話題），他便會轉換心情：「對了，聽聽看這個人想說什麼好了。」開始聽你說話。**

事前調查對方的資料，是非常基本、一定要做的功課。這樣，你才有可能和對方聊得開心，他也會對你產生好感。

〈難得獲得表揚時〉

一句「不是我要求這麼做的喔」，讓你居功也不怕樹敵

當我們看到別人**毫不猶豫地說出的真心話，或顯露出不為人所知的一面**時，總會忍不住會心一笑。

舉例來說，老是皺著一張臉的部長其實很喜歡吃甜點；總是一臉嚴肅工作的人其實做事很迷糊等等……他們不經意的表現，讓人發現他們不為人知的一面。

只要能運用這點，你就能在不樹敵的狀態下達成目的。

像是，當你所屬的團體即將被刊登在公司的刊物上，通常只有組長的名字會被

刊登出來，但組長卻對你說：「我想把你的名字一起刊登出來，你覺得好嗎？」這時你會怎麼回答？

是不是很掙扎呢？其實很希望自己的名字被刊登出來，但直接回答好，又很不好意思。

這種情況，你可以毫不猶豫地說：

「那麼就麻煩您了。不過，先聲明，不是我要組長把我名字放上去的喔！」

直接把你掙扎的點說出來，然後再加一句：

「這一定要弄清楚才行。」

周圍的人如果聽到一定會笑出來。因為你不經意地透露了內心真正的想法：**「我很想被刊登出來，但又怕別人誤會是我要求的。」**這時，大家反而會覺得好笑。

然後，你就可以在眾人充滿善意的擁護之下，達到自己的目的。

只說真心話顯得太過任性，但太客氣又會白白浪費一次難得的機會。

「我很想要，但又怕太出風頭」、「我想這麼做，但又怕被刁難」要是你有類似的困擾，請鼓起勇氣，把真心話說出來，一切都會順利解決。

看場合說話

公式 36

不用不好意思，將迷惘的心情說出口吧。

〈聯誼〉

受歡迎的關鍵不在「吐槽」，而是「貼心」

在聯誼中，乍看之下最受歡迎的人是「會吐槽別人」的人。因為在聯誼的場合，每個人都希望能炒熱氣氛，所以能引人發笑的「吐槽者」特別容易吸引大家的目光。

但其實這是錯誤的觀念。雖然吐槽別人可以炒熱氣氛，讓人發笑，不過有時候會深深傷害到被吐槽者的心。

女性：「我每個禮拜都聯誼，對象都是ＩＴ企業的社長或棒球選手之類的。」

男性：「聯誼那麼多次，都沒遇到好男人嗎？」（吐槽）

感覺得出來，這個男性的吐槽帶著酸意。表面上他在嘲笑這個女性很愛玩，但就女性的角度來看，是在嘲諷她「行情不好」。當大家氣氛熱絡時，特別容易忽視被吐槽者的心情。

這個人可能是當天聚會炒熱氣氛的最大功臣，是最受大家歡迎的人，但因為說了這句話，反而把所有的功勞化為烏有。

其實聯誼時，最重要的能力不是「吐槽」，而是「貼心」。

男性可以主動和話不多的人聊天；女性看到有人杯子空了可以幫忙斟酒。熱絡的會話場面以外的細節，才是勝負的關鍵。

這個技巧不僅聯誼用得到，也適用於職

場。

在職場，人望的高低與否，關鍵在於一些不經意的「貼心」舉動。像是，看到灰心喪氣的人，你會不會上前關心：「發生什麼事了嗎？」別人幫你拿影印的資料，一定要說：「謝謝。」要成為有趣的人、受歡迎的人，前提是你有沒有關注到旁人的需求、顧慮到他人的感覺。

其實，把話語權丟給不多話的人，有時效果會出奇得好。譬如，「嗳，大家暫停一下，我們聽聽ＸＸＸ怎麼說嘛！ＸＸＸ你怎麼看？」這時，那個人說出來的話特別容易讓大家發笑。

「嗳，ＸＸＸ，你覺得東京和大阪哪裡比較好？」

「喔，我最愛名古屋。」

正因為他們有時會答非所問，所以才能更客觀，或者說用不一樣的視角看待問題，讓大家覺得很新鮮。

嘲笑別人，彰顯自己的人絕對無法成為「有趣的人」。雖然當下可能大家因為心情浮動，所以會笑出來，但事後沉澱下來回想，絕不會認為他是「好人」。

大家去聯誼時，主要還是希望吸引異性的注意，讓人覺得自己「很nice」不是嗎？

只要多做一些貼心的舉動，像是關照周遭的人、適時幫不多話的人加入大家的話題、說一些無傷大雅的吐槽、替大家點飲料等，大家就會覺得你是一個「很nice」的人。

所以有趣的人不是「說話有趣、好笑」就行了，還有其他不可忽略的細節喔！

看場合說話

公式 37

即使氣氛熱絡和大家聊得不可開交，也不要忘記自己最初的目的。

〈找結婚對象〉

必勝戀愛法則，從表達「我喜歡你」開始

現在不擅長聊天的人可能越來越多了。最近的相親聯誼活動，為了避免口拙的人「不曉得該說什麼」會事先準備許多話題給參加者。不過，如果是那種時下流行的「快速換位」相親活動，可能也沒辦法好好聊天……

對男性朋友來說，參加相親聯誼最要注意的，就是有沒有把「**我對妳有興趣**」這個訊息一清二楚地傳達給對方。

若是和親朋好友介紹的對象單獨見面，大多人都是抱著「交朋友」的心情赴約，但相親聯誼活動是一種以結婚為目的的聯誼方式，所以參加者都是帶著「我想

找對象」的心情參加的。

在這種場合，對女性朋友而言，最有興趣知道的應該是，「你對我的感覺如何」。

因此，要是你有喜歡的女性，最好直接跟她說：「我喜歡妳。」假使你會害羞，也可以說：「**才剛見面就這麼說似乎有點不妥，不過我真的覺得妳很漂亮。**」女性一被這麼說就會想：「原來這人對我有意思」心情高昂起來，也會更願意聽你說話。她會好奇地想：「（對我有意思的）這個人是什麼樣的人？」這時，你再開始表現自己。

但當下次見面，**你必須徹頭徹尾聽她說話**，了解她。第一次見面，你已給她「這人對我有意思」的感覺。但到第二次見面，你還一直自顧自地說話，只會讓她留下不好的印象：「原來你是個喜歡談論自己的人。」

避免成為「飯友」

我活到這把年紀才知道，原來女性大多會對「對自己有好感的人」產生好感（也太慢了吧）。所以，假使你不在一開始就告訴對方「你對她有意思」，兩人的關係很難發生變化。如果沒有表達愛慕之意，卻一直和對方來往，兩人的關係很容易變成「飯友」。

而且，要是你對她說過「我喜歡妳」。就算被甩了，恢復成朋友的關係，也會因為你曾經表達過愛意，在她心中留下好印象而加分，成為「朋友以上」的關係（但就連我也不太能說得出口……）。

與其單純見面吃飯，若能在說出「我很喜歡妳」之後再約吃飯，女性會比較容易興致高昂地赴約。假使沒在一開始就表達愛意，而是打算從朋友做起，先吃幾次飯再說的話，不是會被認定為「朋友」，不然就是見面三次後，熱情逐漸冷卻，新鮮感逐漸淡掉……

那女性又該怎麼行動呢？以男性的立場來說，被女性說「我喜歡你」，雖然會很開心沒錯，但同時也會有壓力。男人就是一種喜歡被女性捧的動物，一種渴求認同的動物。所以，**最好的方法是，稱讚他**。稱讚，會讓男性（包括我）感覺「這個人（稱讚他的人）對我來說很重要」。

總結一下，

男性要對女性明確地表達：「我喜歡妳或我對妳有興趣」。

女性要對男性頻繁地表達：「你好厲害或真不愧是ＸＸＸ」。

這一招幾乎是百發百中。

看場合說話

公式 38

男性從「我喜歡妳」出招，看對方反應；女性從「你好厲害」出招，看對方反應。

〈約會〉

與其「愛的告白」，不如「緊張的告白」

不管是誰，第一次約會一定會感到緊張。

但越是緊張，越容易突然陷入「沉默」。

這時，千萬不可以急忙找一些無關緊要的話題蒙混過去，或無視於自己的緊張還反問對方「你會不會緊張」，這只會讓氣氛變得更加尷尬。

逞強裝作沒這回事是大忌，**應該放膽告訴對方你很緊張**。

「**抱歉，兩人獨處，突然讓我覺得有些緊張，不知道該說什麼。**」

我相信對方也很怕陷入沉默，你先替他說出來，對方會感到輕鬆很多。再加上，對方聽到你說「因為兩人獨處感到緊張」，會覺得有點開心。因為這句話的言外之意就是：「一見到你，我就臉紅心跳」。

這招很好用，好用到我覺得為此故意製造沉默也值得。

逞強耍帥絕非上策。

有些人會告訴約會對象「我以前交往過的人都是怎樣怎樣的人」，顯示自己很搶手，但這麼做一點效果也沒有。

坦誠說出真心話，就能幫你度過難關

接下來，是與男性相關的話題。假設男性那話兒「欲振乏力」的時候，千萬不要說「因為昨天喝多了」、「最近工作太忙，好累」等等。

女性聽到這些話，一定會把「自己的魅力」與「你的疲倦」放在一起比較，然後認為「原來我這麼沒有魅力」。男性為了維護自己的面子，所以會用「工作太忙」當作理由，但女性朋友可不會這麼想。

這種時候，你只要坦率地說：「看到ＸＸＸ我就好緊張。」女性聽到男性這麼坦白，一定會忍不住笑出來，因為她沒聽過有人會在這種狀況下說出這種話。男性坦率告白的同時，也間接承認她很有魅力，她當然會開心地笑出來。

我認為，即使是在這樣的情況下，笑仍是不可或缺的重要元素。因為做這檔事的時候，女性最需要的是放鬆，但男性卻時常用如臨大敵、嚴陣以待的心態面對，一心追求表現，當然容易緊張。而緊張會導致說不出話，或者說，怕說話會破壞氣氛，最後陷入僵局。

假如以放鬆對方心情為優先考量，你最需要的就是「笑」，透過「笑」來增進雙方的愉悅感。

無論如何，只要坦率地告訴對方你很緊張，即使不說「我愛你」，對方也可以感受到同樣的心意。這個技巧非常好用，請多加活用。

看場合說話

公式 39

坦率表明自己很緊張，瞬間化解尷尬氣氛。

〈約會、接待〉

看美食指南的網站，比起「排名」，「評論」更重要

大家應該都有為了接待客人或約會到「美食指南」這類網站找餐廳的經驗。我要提醒大家，不要把注意力放在「排行榜」上。

比起數字，你更應該瀏覽網友對該店的評價或介紹文，這樣赴約的時候會比較有話題聊。

請比較看看A和B有什麼不同：

A**「這家店是美食餐廳指南排行榜的第一名。」**

「這家店被電視台介紹過。」

B「這家店是銀座著名餐廳的主廚自己出來開的。」

「這家豬排飯的豬肉聽說是做成三分熟耶！」

一般人聽到A的反應大概就是「是喔」，然後就接不下去了。排行第一、電視台採訪等這些情報，我們可以理解，知道這家店可能「很厲害」，但就是無法產生共鳴。有時候甚至會造成反效果：「你說電視台有介紹過，不過感覺不怎麼樣啊！」

那B呢？**「是那家店的主廚開的啊，那這家店的東西一定很好吃！」、「豬肉可以做成三分熟？他們一定用了什麼特別的方法吧！」此時，你的客人或約會對象心中一定會產生期待感，並且希望知道更多的細節。**

這麼一來，你們的對話自然會變得更為熱絡，對這家店的期待感也會增加。

當上菜時，對方會再次感到驚喜：「哇，真的是三分熟，肉還帶紅色。」這時，你可以說一些鮮為人知的內幕：「聽說他們的肉都是空運過來，而且立刻處理，所以才能做成三分熟。」經過這樣的閒聊，會讓人覺得來這家店是一件很特別的事，餐點吃起來也變得更加美味。

調查一家餐廳，**重點不是調查它的評價分數，而是調查「為什麼它會得到這個分數」**。這麼一來，你的體驗就不會僅止於「去一家東西好吃的餐廳吃飯」這麼簡單而已。

另外，找特別的餐廳吃飯還有一個好處，那就是多了「餐廳特色」的話題。

比方說，

「這家店提供十種岩鹽給客人沾用。」

「這間店是銀座的天婦羅名店，麵衣裹得超薄，薄到你看不出它用炸的。」

可以透過該店的特色，充實話題，增強體驗感。

去餐廳吃飯跟工作不一樣，不能光看數字，還要尋找出數字背後的理由，當作聊天的話題。

看場合說話

公式 40

不要光看「數字」，找出背後的「理由」增添話題性。

翻雜誌找話題
〈約會、宴會〉

假如你想找一個能夠確實炒熱氣氛的話題，我會推薦從雜誌的封面專題找。

以下，我列舉出三個最具代表性的話題。

◎減肥

減肥、健康，是每個人都會關心的話題。

假如我說，我曾從九十八公斤瘦到現在的六十八公斤（是真的！）大家會怎麼反應？是不是會想問我：「你是怎麼瘦下來的？」

坊間有很多各式各樣的減肥法，像是蘋果減肥法，碳水化合物減肥法等，大家一定會想問「你試過什麼方法？」、「真的有效嗎？」話題自然會擴展開來。

至於我是用什麼方法減肥成功……這個，下次有機會再說。

◎算命

除了可以利用看手相和做心理測驗的ＡＰＰ帶動氣氛，直接找個地方算命，也是個不錯的選擇。因為算命可以發現對方不為人知的一面，大家會很有興趣地參與。

再者，不管算出來準不準，算命館這種地方是「大家都很有興趣，但沒事不會主動前往」的場所，用算命作為聊天的話題，很容易引起大家的興趣。

◎兩性

這是永不退燒的話題。

只是要注意不要以「真搞不懂男人（女人）」這句話做結尾。為了避免這種情況發生，建議大家多讀一些研究男女不同之處的話題書。

我最推薦的是《為什麼美女總是生女兒？》（三采文化出版）這本是名著，只要看這一本，就能儲備相當多的話題。

比如說，書中說「一夫一妻制其實對男人比較有利」，不覺得很令人意外嗎？

聊這類話題最重要的是，不要以自己的觀點出發，像是「依我看，女人是怎樣怎樣」或「男人應該是怎樣，女人應該是怎樣」，而是要從文化人類學、社會學的角度發表富含知識性的談話，比較有說服力。

看場合說話

公式 41

「減肥」、「算命」、「男女」，用這三個話題閒聊，很容易帶動氣氛。

〈約會、宴會〉

對男性，稱讚他；對女性，找出她的「可愛之處」

想要縮短自己與對方之間的距離，最快的方法就是稱讚，試著從「阿諛奉承」開始吧！

首先，你要仔細觀察對方，可以先從他的鞋子、手錶、包包看起。

男人的話，看手錶最簡單，可以看出他的喜好。

假如他戴的是好錶，那你就直接稱讚他的手錶：「你的錶很好看。」這樣一定可以聽到一些人生故事，像是「這是我用第一份薪水買的」、「這是我父親傳承給我的」、「這是作為結婚紀念買的」等。

每支手錶都有一段故事，只要問出那段故事，就能越聊越起勁。

「你父親是什麼樣的人？」

自然而然地帶到私人的話題。

女性的話，祕訣就是找出她的「可愛之處」。要注意的是，**不是你覺得可愛的地方，而是對方覺得可愛的事物**。

最常見的就是包包。幾乎所有的女性都很注重包包。

整理一下，

對男性↓「這個XX很好看！」

對女性↓「好可愛喔！」

有時滿腦子只想著如何炒熱氣氛，可能會忘記原本的目的。我們聊天的目的是什麼？不就是要留給對方好印象，加強我們的人際關係嗎？

既然如此，「稱讚」也不失為讓對方開心的好方法之一。

看場合說話

公式 42

注意男性的手錶；觀察女性的包包。

〈冷場〉

吐槽要立刻；轉換話題要慢半拍

有時候，大家明明聊得很熱絡，卻在某句話之後就沒有人接話，現場突然變得鴉雀無聲。

這時候真的很尷尬。

在這種狀況下，任何人想要再補充些什麼，或試著挽救氣氛，都為時已晚。

遇到這種情況，我教大家一個救場的訣竅，就是先停頓一下，然後說：「**嗯，我們聊點別的好了**。」包準大家又會笑出來。

這就是「轉換話題」的救場法。

在那種狀況下，通常大家都覺得很尷尬，但又不知該如何是好。倘若這時有人站出來說：「我們聊點別的好了」把話題往前推進，在場的人必定都會鬆一口氣，然後笑出來。

還有，要說「我們聊點別的好了」這句話時，切記不要急躁，一定先確定場子已經冷掉了之後再說。要在大家覺得尷尬的時候，再使出這招才會有效果。

吐槽要及時

另外，適時加入「哪有這種事！」這類的吐槽效果也不錯。只是一定要立即反應，馬上說出來。

像是，有人說了一句很冷的話，你一定要在場子冷下來之前趕緊吐槽，這樣就能避免冷場。

看場合說話

公式 43

用一句話神救援，避免沉默降臨。

〈找不到餐廳、塞車等突發狀況〉

「怎麼可能！」一句話救援成功

與人相約的時候，難免會發生一些出乎預料的突發狀況。好比說，和朋友吃飯卻找不到餐廳、約好出去兜風卻遇上塞車，「怎麼會碰上這種事……」大家陷入一片愁雲慘霧，不知該如何是好。

這種時候，我建議大家可以用「**怎麼可能**」這四個字緩和氣氛。

舉個例子，

（平日，在餐廳林立的表參道，卻找不到一家店有位置）

「怎麼可能，我們該不會要變成難民了吧?!」

（去滑雪，滑雪場卻沒有雪）

「怎麼可能，我們該不會要從早到晚一直泡溫泉吧?!」

當預定計畫受阻，「提議的人」和主辦者內心一定充滿愧疚。這時，如果有人主動替他把現狀說出口，他的壓力就會小很多。除此之外，要是能再帶大家從另一個角度看待事情，現場的氣氛會緩和不少。

其實，「**我們該不會要變成難民了吧**」這句話，用的技巧便是第三章所提到的「轉換說法」。

「表參道那麼多間餐廳，怎麼可能找不到一家店吃飯，我不相信。」

↓

「怎麼可能！」

圖 4-3　用「轉換說法」救場

突發狀況

在餐廳林立的表參道居然
找不到地方吃飯！

【心情】不相信！

轉換

↓

「怎麼可能！」

【狀況】找不到一間店

轉換

↓

「難民」

也就是說，

「怎麼可能，我們該不會要變成難民了吧？」

如果場景換作是在鄉下，餐廳本來就不多，這時候說「怎麼可能」就一點都不好笑。

不說「顯而易見」的事

這個技巧，表面上看起來很容易，其實需要非常入微的觀察力才做得到。

首先要注意的是，**不要點破顯而易見的事實**，像是：「這裡不是表參道嗎？」否則，在場的人會同時意識到：「對啊，是誰提議要來表參道的？」間接對主辦者造成很大的壓力。

這時應該要說「怎麼可能」。

因為大家無意識中都知道「明明是表參道」這件事，所以你說「怎麼可能」的時候，大家就會笑出來。

像這樣，只要用隻字片語表達，對方會自動補足完整的意義，這是電視節目或連續劇不斷在追求的技巧（而且是非常高難度的）。

打個比方，「我哥是非常糟糕的人，所以造就了我現在的個性。」這句話可以簡化成「**我會變成這樣，都是我哥造成的**」大家不覺得後者的話好懂多了嗎？後者雖然沒有提到「我哥是非常糟糕的人」，但聽者會自動替你補足，心想：「那你哥哥到底是什麼樣的人呢？」

重點整理：

· **突發狀況用「怎麼可能」一句話帶過**

· **不要點破顯而易見的事實**

只要記得這兩項原則，下次遇到掃興的突發狀況時，就能急中生智，想出一個「關鍵句子」救場。

看場合說話

公式 44

一句巧妙的話會讓所有人都鬆一口氣。

〈道歉〉

加上動作，更容易傳達心意

該道歉的時候就好好道歉，不要再去想說話有不有趣這件事。

不過，道歉的時候最好加上動作，你的心意可以更清楚地傳達給對方。比方說，鞠躬、比手畫腳，動作可以比平時更誇張一些。

但要注意，太過誇張就會顯得虛情假意。

既然要道歉，就要「**誠心誠意**」。

我曾經一個人獨自撐場四十分鐘，內容全部都是在道歉。

這是發生很久以前的事了，我們在錄製一個公開錄影的唱歌節目時，錄到一半居然跳電，不得不中斷錄影。現場有三千名觀眾。跳電的原因不明。擔任舞台總監的我，非得把場面hold住不可。大家知道我這時候做什麼事嗎？我只做一件事——道歉。

「對不起。」

我先低頭道歉。當然，觀眾一點反應也沒有。

「我能理解。大家興沖沖地跑來錄影，結果卻遇上這種事情，只能在這裡耗時間。光說對不起根本不足彌補。那麼，」

說完，我立刻跪地磕頭。

「這樣還不夠嗎？好的，這邊的觀眾是不是覺得還不夠？那麼，這邊也，」

我對另外一邊觀眾又磕了一次頭。

觀眾之中開始慢慢傳出笑聲。

「這位觀眾從哪過來的？北海道！從這麼遠的地方過來，那一定要特別道歉一下才行。」

就這樣，我想盡各種花招道歉，四十分鐘過後，電源總算重新接上，重新開錄。

當時我真的充滿愧疚，所以在「道歉」時，動作做得非常確實，我想現場觀眾應該都有感受到我的心意。要先有真誠想道歉的心，才做得出這麼確實的動作。

再者，來這裡錄影的觀眾，都是抱著娛樂的心情前來，所以我希望我的道歉一方面也可以「娛樂」到他們，盡可能地滿足觀眾的期待。

對方如果非常希望得到一個道歉，那就不要開玩笑，加大動作，好好地道歉即可。若對方是希望你聽他把話說完，那就專心聽對方說話。重點是，你的動作要比平時來得誇張一點點，讓對方感受到你的心意。

如果你覺得做不出「誇張的動作」，**試著加大平時的動作即可**。注意，不要光口頭道歉，而是要透過肢體動作傳達心意。好的演員不會光靠臉部演戲，而是會用全身演戲。雖然我們不是演員，但也能試著這麼做。

看場合說話

公式 45

想要確實地傳達心意，得配合肢體動作才行。

CHAPTER 05

在演講、主持等場合展現說話魅力的10條公式

演講不用太賣力

首先，大家要認清一個事實，那就是，**演講基本上是一件很無聊的事情**。

無聊到即使你的演講順利完成，還可以心想：「太好了，我的演講好無聊。」

但好不容易有機會上台演講，當然還是希望聽眾喜歡，氣氛可以熱絡些。

別擔心，很多技巧可以使用。

記得，最重要的是，不要太過賣力。

太賣力說話，聽的人也會跟著緊張起來。

結果就是，讓人想笑也笑不出來，有趣的事也變得不有趣，從頭到尾確實感染給聽眾的，只有緊張感。

因此，我建議大家在演講的時候抱持這樣的心情：「**反正大家都一定會覺得很無聊，但至少我自己不能覺得無聊。」這樣，大家反而會更專心聽你說話**（但還是要看場合，不能一概而論）。

在本章，我會介紹在人前說話、主持時所需的各種技巧。

總歸一句，比起緊張兮兮、拚命三郎、一心想把事情做好的人，保持輕鬆、態度從容的人更容易得到聽眾的喜愛。

〈演講〉

鼓起勇氣，說出眼前的事實

演講最常犯的錯就是，分不清楚場合。

演講是公開的場合，和私底下的瞎起鬨可不能混為一談。

那麼，在公開的場合需要注意什麼事情呢？正因為這種場合講求形式，所以更需要加入可以讓聽眾放鬆的元素。

方法之一，「**說出眼前的事實**」。

我認為，越是正式的「公開場所」，演講者就越需要說出眼前的事實，或自己的感覺。

舉例來說，你出席某個頒獎典禮。台上的主持人對著每位領獎者時，都將麥克風拿得太近，導致領獎者都無法好好說話，聲音聽起來也糊糊的。

這時，當主持人把麥克風對準你時，你可以這麼說：

「呃，麥克風是不是靠得太近了？」

會場一定會傳來一陣笑聲。

你只不過是看到麥克風靠得太近了，然後把這件事說出口而已。

但這就是這招的精髓。

現場的所有人無意間都知道「主持人把麥克風靠得太近了」這件事。然而，只有你把它點破。

像這樣，**只要你發現大家明明都看到，卻沒人說出來的事實，就要立刻使出這招**。以這個例子來說，先把「麥克風靠太近」的台詞記在腦中，輪到你上台時，就立刻說出來。

再舉一個例子，如果你是婚宴的主持人，看到新娘的爸爸整個臉都皺在一起

（其實他內心很高興，但因為是不輕易流露情感的人，所以繃著一張臉），你可以說：

「那個，新娘的父親從剛才就一直面有難色，我看到他這樣，連東西也吃不下去了。爸爸您還好吧？」

這時，如果爸爸笑出來的話，你可以接著說：

「您這樣我就放心了。」

這時，會場的氣氛就會輕鬆許多。

或者，當會場有人咳嗽不止，你可以說：

「現場好像有人咳嗽不停……您還好嗎？」

想必又能引發一陣笑聲。

可能有人會擔心，直接點出這個事實會不會太過失禮。但仔細想想，咳嗽的人可以因為自己咳個不停正覺得尷尬不已，假如你能把他的咳嗽化為笑點，他的「咳嗽」反而可以成為緩和氣氛的最大功臣。這麼一來，這個「咳嗽不停的人」比起之前的窘境，心裡應該會更輕鬆不少吧？這一招妙用無窮，好處多多，更多例子請參照圖5—1。

只要一開始被認定為「有趣的人」，之後講什麼都好笑

說的時機點也很重要，再以剛才舉的「麥克風靠太近」為例，一上台就要立刻說出來。當你說出「麥克風靠太近」把聽眾逗笑後，大家已經對你產生了一個印象——你是一個幽默的人。之後，儘管你的言論稍微激進一些，或說冷笑話也無妨，因為大家對你的接受度已經提高許多。

如果你沒有任何鋪陳，一上去就急著說出預備好的自我介紹，聽眾根本還不認識你是誰，當然不敢用笑來回應你了，因為就怕笑了失禮。而且，在很多人可能還沒進入狀況前，你就說完了，這時台下聽眾一定是一頭霧水：「蛤？他剛說什麼？」

所以，正確的做法應該是，先說幾句應景的話，讓大家進入狀況，等大家覺得你「這人很幽默」之後，接下來你就可以盡情發揮了。

圖 5-1 「有趣的演說」例子

在公司的典禮上，老闆第一個上去致詞，結果走到台上時差點跌了一跤……

「剛才看到董事長差點跌倒，讓我再次感受到，今天這個場合有多麼重要，連德高望重的董事長都緊張到差點跌倒，這意味著，我們公司將來就要往新的里程碑邁進了。」

主持人太過緊張……

「我剛才看到連主持人都這麼緊張了，那我這個演講人不就更緊張了？」

結婚典禮新娘差點跌倒……

「剛才新娘差點被長禮服絆倒，不過不用擔心，從今以後，我們的新郎會一直扶持著新娘下去。」

只要讓聽眾發笑一次，你的心情也會跟著放鬆不少，說起話來就會更自然。

整理一下，在公開場合演說時，先檢視以下兩點：

- **發現不對勁之處（比如說麥克風靠太近）**
- **有沒有勇氣說出來**

怎麼發現不對勁之處？其實這和一個人的觀察能力有關，像是「現場發生什麼事」、「自己與對方的關係為何」、「該怎麼應答」等，這些資訊都要能夠瞬間讀取並分析。

接著，如同剛才教各位的，把現場發生的狀況忠實地呈現出來，就等於為演說打下一個「有趣的基礎」。

有趣演說的基本條件就是，觀察現場發生的狀況，並將它說出來。能做到這一點，你就可以吸引眾人目光。

為此，記得一走上台，就要立刻與底下觀眾做眼神的接觸。再來，即使沒有前後脈絡也無妨，試著將「眼前這群人正在想的事情」說出口。

比如說，前面一個人的演說太冗長，你就說：**「剛才謝謝ＸＸＸ為我們帶來那麼精彩的演講。不過，有點長就是了。」**大概類似這種無傷大雅的小事。

但切記，這只能當作開場白，輕鬆帶過就好，不要給自己壓力「我一定要讓大家發笑」，營造出臨場感才是重點。

公式 46

幫大家把擺在眼前的事實說出來吧！

〈演講〉

越厲害的人，演講的語氣越「淡定」

前面已經告訴過大家，在人前說話時，要「把事實說出來」、「告訴大家你看到什麼」就能成為「笑點」。但是，應該用什麼樣方式說效果會比較好呢？

答案是「**淡定**」地說。

雖然你看到的是事實，但說的時候，語氣切記不要太誇張，像是「欸，你麥克風靠太近了吧！」

淡淡地說就行了：「**麥克風好像靠得有點近耶。**」這樣比較容易引人發笑。

為什麼淡淡地說比較有效果呢？因為這件事大家都已心裡有數，所以平淡地說出來，比較接近大家的情緒。既然大家都察覺到了，就表示這件事早已眾所皆知，這時就不用大張旗鼓地宣揚，淡淡地陳述事實反而比較符合現場氣氛。

相反地，若擺出一副「只有我發現」的語氣說話，一定會冷場。因為，明明大家都知道。

有些人以為有魅力的演說應該是，幹勁十足地喊「謝謝大家」，諂媚觀眾。其實有魅力的人說話都是很冷靜，很淡定的。

「不厲害的人充滿幹勁，厲害的人從容冷靜。」

這是演講的基本原則。

在私人聚會中，當大家很嗨時，如果某人很冷靜地發表意見，確實會破壞現場的氣氛。然而，在公開場合或稍微正式的場合上，「冷靜說出眼前事實」卻是萬無一失的方法。

公式 47

事實還是淡定地說出來比較有趣。

〈演講〉

說出與事實相反的話，「反話法」

綾小路kimimaro（譯註：日本落語家、搞笑藝人，有「毒舌漫才師」之稱）。最喜歡用這一招。

他一上台就會對著台下大批歐巴桑說：

「哇，今天的觀眾真是美麗又動人～」

他每次講這個，觀眾一定會笑。

台下明明是一群歐巴桑，大家都心知肚明他說的不是事實，但就是會笑。

接下來，請大家比較一下這兩個句子：

A：「哇，台下都是漂亮的年輕女生耶～」

B：「哇，台下都是歐巴桑耶～」

實際上，這兩個句話大概都會引起哄堂大笑，只是**A是純粹覺得好笑，但B是苦笑**。

兩者都是非常老套的哏，但「哇，台下都是漂亮的年輕人～」因為大家都心知肚明是謊話，所以好笑的程度就略勝一籌。

又比如說，當你看到台上主持人太過緊張，說話結結巴巴時，可以說：

「**我們這個主持人啊，台風沉穩，說話流暢！**」

大家一定會笑出來。那個說話結巴的主持人也會因為你這一番話，心情輕鬆不少，之後一定可以漸入佳境。就像卡在喉嚨的小刺被拔出來般暢快無比。像這樣，看到某人當場的表現不佳，陷入困境時，只要替他說句反話，就能緩和他緊張的情緒。

另外，說反話的時候，盡量要淡定地說，效果比較好。要是用誇張的語氣說，大家會把重點擺在你的驚訝，而不是事實。這麼一來，「說出擺在眼前的事實」這招的效果就會消失，使場面瞬間冷掉。

說話盡量保持淡定的語氣。只要你淡淡地說，即使沒有打中聽眾的笑點，大家也不會察覺到異樣，你就能光明正大地繼續往下說。

公式 48

說反話，可以引發純粹的笑。

〈演講〉

多點具體，少點客套

在婚宴場合，必須上台發表演說時，我們通常會讚美新郎新娘「很溫柔體貼」、「很努力」、「很會替朋友著想」。

但台下的人聽到這些客套話，通常不會有任何反應吧？

假設你想要形容朋友「很溫柔體貼」，**就應該找一段符合這個形容的小故事來說**。

像是，「我和新娘是大學時代的朋友。印象最深刻的，就是她在我失戀的時候，一整個晚上都陪在我身邊，為我加油打氣。」

只要說出這個具體的事例，就不需再形容新娘是一個「很會替朋友著想」的人，因為大家都感受到了。

在擬定婚宴場合的演說，只要照下面這三個步驟做即可。

一、大略寫下對方的優點和特點

舉例來講就是「個性積極」、「行動力很強」、「領導力很強」、「埋頭苦幹型」等。

二、為什麼你會這麼想？找出與對方相關的回憶

回想「為什麼你覺得他是『埋頭苦幹型』的人？什麼事情讓你產生這種感覺？」、「他有沒有說過什麼令你印象深刻的話？」

三、決定結語與一句祝福的話

總結，「他就是這麼認真的人。我相信他一定會努力不懈地經營他的婚姻，永遠幸福美滿。」最後再加一句祝福的話「一定要幸福喔！」這樣就ＯＫ了。

說話不有趣的人都在談「觀念」

說話令人覺得沉悶的人，基本上都有一個共通點，那就是喜歡講觀念上的東西，沒有具體例子。

像是，順利執行某個計畫完畢之後，負責人對大家說話的場合。

一般人：「多虧大家的努力，才能有這麼棒的結果。」

這樣子講話很難打動人心。來看看有趣的人會怎麼說。

有趣的人：「我第一次覺得這個商品會成功，是在車站旁一家做九州料理的居酒屋內，聽ＸＸＸ說他對這個商品的感想的時候。一聽他說完，我重新感受到這個商品的意義。之後，我們開發越來越多的新顧客，讓大家了解到這個商品的優點，才有了今天的成功。」

和一般人不同的是，有趣的人會說「**我在某個場合感受到什麼**」，而不說「**我是怎麼想的**」。

所以，在擬定演講稿的時候，你可以先把你想講的「觀念上」的東西列舉出來，然後再**回想相關的經歷或故事**。有些人認為，準備演講稿就是埋頭先寫一篇頭頭是道的文章再說，但這麼做很容易寫出流於形式的文章。試著加入一個具體的故事或經歷，可以讓你的演講變得更生動喔！

公式 49

大家想聽「故事」，不想聽「觀念」。

〈演講〉

談談自己的失敗經驗

在演講中談自己的失敗經驗，也能獲得不錯的效果。換個說法就是自嘲。所謂的自嘲，就是自己裝傻，然後吐槽自己，最適合用在一個人說話發表演說的場合。因此，在演講的時候，如果你希望多逗聽眾發笑，可以試著把「失戀」或「求職失敗」的經驗，加進自己的演說內容。

〈範例〉

「我失戀的時候，她不斷鼓勵我說：『妳一定會找到一個溫柔的男性，他會對妳說：妳笑起來最好看了，打起精神吧！我相信那個人一定可以了解妳的好。』」

↓自己的失敗經＋稱讚對方的優點

如果要更有趣一點，就想出一段可以令對方驚訝的回憶吧。

〈範例〉

「我失戀的時候，她不斷鼓勵我說：『妳一定會找到一個溫柔的男性，他會對妳說：妳笑起來最好看了，打起精神吧。我相信那個人一定可以了解妳的好。』之後，在我明查暗訪後才知道，『妳笑起來最好看了』這句話，是新郎對她說過的，本以為她是在安慰我，**後來才知道我被放閃了**。不過，這表示她那時候和新郎的感情就已經很好了。他們能結為連理，我真的很替她高興。」

↓自己的失敗經驗＋對方的糗事

無論如何，千萬不可以貶低對方。有些人會在婚宴的演說提及新郎曾經劈腿，或曾經交往過什麼樣的女性等，雖然最後會說「不過，他終究是選擇了我們的新娘」，但這時候新娘大概也笑不出來。這是最糟糕的狀況。

這些事關起門來和好朋友聊或許還行，但絕對不適合在公開場合上提出，因為大家的價值觀與立場都不相同。

小心別變成天兵，要看場合來說話。

公式 50

在演說中談論自己的失敗經驗，很容易逗人發笑。

〈演講〉

臨時被叫上台也不怕，說出「記憶中的小插曲」吧

在歡送會或慶功宴上，大家應該都有過被臨時被邀請發言的經驗吧？

這時，大多數的人開場都是「這項長達九個月的專案能夠完美落幕，都要歸功於熱心的各位！」或是「我要感謝ＸＸＸ」等千篇一律的感謝詞。

什麼都好，我建議最好說一個和當天主題有關，**自己印象中最深刻的小插曲**。

「有一次，我看見課長嘆氣，心裡不禁暗自擔心，這個專案能成功嗎？」

「已經退休的山田學長總是一大早就進公司，比起工作的成果，我更想問他，

為什麼可以每天那麼早起床？」

說完小插曲後，這時就可以說客套話了。

「最後我還是要說，沒有各位的努力，就沒有今天的成果。」

「雖然我就要退休了，但希望各位可以繼續發光發熱。」

這樣的演說就能打動人心。

大多人的做法剛好相反，總是先講「總結」↓再說「小插曲」。

試著改成**先講「小插曲」↓再做「總結」**，效果會完全不一樣。

這個訣竅很簡單，每個人都辦得到，下次請務必試試看。

公式51

臨時被請上台也不要焦急，回想一個你印象最深刻的小插曲。

〈主持、撐場〉

別人嗨的時候，你休息。不要留戀，朝下一個話題邁進

接下來，我要談的，是在主持或撐場時非常重要的原則。

當聽眾大笑完後，不要留戀，立刻結束這個話題。

《情報 live 宮根屋》的主持人，宮根誠司（譯註：日本的主播、藝人、主持人）主持節目的風格非常值得參考。某次，評論員說：「這樣的情況實在很令人擔憂。」宮根並沒有回應他，而是直接朝下一個全然無關的話題邁進：

「接著在五月X日，發生了這樣的事，使得事件的真相曝光了。」

大幅提升了整個節目的流暢度和緊湊度。

這個方法不光是做電視節目的人要學會，每個人都應該學。

大家應該都遇過這樣的情形：有人在公眾場合說了句玩笑話，結果主持人卻還不識相地追問詳情。

舉例來說，公司尾牙玩遊戲時，輪到社長和部長對戰。

這時，部長說：

「每次都被社長欺負，今天我一定要贏你。」

說完，台下大笑。

假如是沒經驗的主持人，會再追問詳情：

「社長都怎麼欺負你？」

這絕對是大忌！這時候追問細節，對話題的進展毫無幫助。試著想像一下，當你被問到：「社長都怎麼欺負你的？」你要怎麼回答？可以想出什麼高明的回應嗎？「沒有啦，其實他沒有欺負我。」這大概是最好的回答了，只可惜白白糟蹋了這麼好的哏。

想要問細節也不是不行，但要**隔一段時間後，再走到社長身邊，**

主持人：「社長，有人說他老被您欺負，您覺得如何？」

等社長回答完後，再走到部長身邊，

主持人：「社長剛才說……您同意嗎？」

這才是正確的做法。

這招不僅是宴會場合負責帶動氣氛的人要學會，有意在喝酒聚餐的場合炒熱氣氛的人也要學。

想要炒熱氣氛，祕訣就是不要詢問細節，直接進入下一個話題。

記得，戳中一次笑點後，不要留戀，立刻進到下一個話題

另外，還有一個很少人知道的訣竅，那就是**當大家氣氛正嗨的時候，就是你該靜下來的時候**。你應該趁這時候，思考下一階段要用什麼話題讓大家再嗨起來。雖然你已成功讓大家嗨過一次，但如果因此自滿，衝太快，只會破壞好不容易營造起來的氣氛。要將歡樂的能量延續到下個階段，你必須先想好「下一步」該怎麼做。

在連續劇中，每換一個場景都是用「，」做結束。而搞笑短劇只有一集，所以會以「。」做結束。假設連續劇的每個場景都是用「。」做結，觀眾的情緒會被打斷，並逐漸感到乏味。所以，拍好連續劇的技巧就是製造「期待的不安感」，只要留下意猶未盡的餘韻，繼續讓劇情往下走，就能使觀眾產生期待感。

這個原則不只適用於連續劇，也適用於控場。即使你明知某個話題繼續追問下去，可以問出有趣的事也一樣，應該就此打住，直接朝下一個話題邁進。

公式 52

趁氣氛高漲時，準備下一個話題。

〈自我介紹〉

善用別人對你的印象

不管是聯誼這類比較輕鬆的場合，或是調到新部門時第一次開早會的場合，都需要自我介紹。但有些人很害怕自我介紹。

其實，自我介紹本來就不需要炒熱氣氛，照一般的模式說話就好，但若想帶給別人更好的印象，可以參照下面這兩個方法。

◎善用別人對你的印象

比如說，有人明明很勤奮卻老是一臉無精打采的樣子，或是外表看起來比較「臭老」的人，有這些特點的人，我非常建議你使用這個方法。

你一站出來，大家心裡可能會感到些許疑惑：「這人看起來怎麼有點老，不知道他的真實年齡幾歲？」你只要在自我介紹的時候，消除大家的疑惑，就有很高的機率可以引發笑聲。

〈範例〉

「我的外表看起來似乎年紀很大，但其實我才剛大學畢業而已，這是我第一份工作。」

「我很有幹勁！只是表情不太豐富，所以大家看不出來。」

另外，凸顯外在印象與真實狀況的落差，效果也很好。

〈範例〉

「雖然我看起來很瘦弱，但我的興趣是爬山，已經征服了百岳。」

「大家別看我妝化得很濃，其實我的興趣是收集郵票。」

一旦大家知道了令人意外的事實，就對你更有印象

◎吹捧對方

假設你是上位者，被調到一個新單位。這時你可以試著刻意貶低自己，吹捧別人，對你往後的工作進展會有很大的幫助。

我第一次拍電影的時候，工作人員都是我不認識的人。在這樣陌生的環境中，我又必須挑戰我從未嘗試過的工作「拍電影」，我明白自己一定要和大家打好關係才行。為此，我一直在想，該怎麼做自我介紹才好呢？

結果，我那天戴上一副新眼鏡，對大家說：

「**我和大家都一樣，希望在別人眼中，自己是有能力的人，所以我減肥，戴造型眼鏡**。目前雖然只有外在改變，但接下來，我會努力充實我的內在，請大家多多

指教。」

我想一開始工作人員心裡一定會有些存疑：「這個導演是什麼來頭？」但或許是眼鏡發揮了些許功效，之後的工作都一直蠻順利的。

當你感受到大家的目光是「這個人來這裡的目的是什麼」的時候，不妨主動出擊，先消除他們的不安。這麼一來，不僅你可以鬆一口氣，對方也會卸下心防，之後工作必然更加順暢。

公式 53

「不為人知的一面」會讓人留下深刻的印象。

〈人前〉

逗笑眾人的4個法則

我們有時必須站在一群人面前說話，但又不像發表演說的場合那麼正式。這時，要是你可以逗大家發笑，過程會順暢許多。以下，我將介紹幾項技巧給大家。

◎挖苦特定的人

在公開錄影的節目中，常見主持人或藝人使用這個方法。其實，這招在日常生活中也很好用。

比如說，難免有時要早起開會，你可以找看看同事之中，有沒有一頭亂髮的人、化妝化得亂七八糟的人、打哈欠的人。假設上司打哈欠，你就能挖苦他：「**昨**

晚喝太多了唷？」

這個方法乍看之下難度很高，其實每個人都做得到，很容易就能逗人發笑。

◎請「遠道而來的人」舉手

這個方法適用於開派對，或聚集各路人馬的場合。

「有沒有人從很遠的地方過來的？你從哪裡來？北海道？哇！從那麼遠的地方來，看樣子你還蠻有空的嘛！」

雖然很老套，但大抵都能逗人發笑。

◎點出大家無意識中的共同想法

喃喃地說出大家無意識中的共同想法，逗笑大家的成功率也很高。

像是在一大清早的會議中，如果你第一個發言，可以正式報告前，喃喃地說：

「**好睏喔……**」

這麼說不但能引發共鳴，還能降低大家心中的不滿。

這時，千萬不要劈頭就說：「這麼早就來開會，我想一定有同事覺得很睏，讓我們一起努力吧！」鼓舞的話留待之後當大家真的精神委靡時再說，效果比較好。一開始要先強調大家共同的心情。前面提到的「有有有哏」，在這時也很好用。

◎把焦點放在大咖身上

無論是在公司、結婚典禮、交流會，只要是人群聚集的地方，就會產生排列順序。這時，你可以多利用現場最有存在感的人製造笑料。

舉個例子，像在結婚典禮的場合，

「身為新郎的朋友，我有句話要對新娘的爸爸說。ＸＸＸ雖然是一個神經大條的人，但他心地善良，就請您多多照顧了。」

這句話原本可以對在場任何一個人說，但因為他特別提到「新娘的爸爸」，等於間接地吹捧了新娘的父親，同時也顧慮到女方父親的心情。

「爸爸有感受到新郎的優點嗎？」

「有啦！」

不難想像，之後可能會發生類似上述的互動，讓現場笑聲連連。

公式 54

打破「聽眾」和「說話者」之間的屏障，就能獲得意外的功效，引起一片笑聲。

〈人前〉

説錯話，是引人發笑的絕佳機會

說錯話的時候真的很令人尷尬，大家都不喜歡。

有些人覺得說錯話會使得原來的哏變得不好笑。

其實，說錯話更容易取悅聽眾。

你只要說：「哎呀，剛才說錯話了。」大家就會笑了。

即使當場沒有笑出來，也已在心裡埋下「這人真有趣」的印象，之後被你逗笑的機會就大大增加。

以下，我介紹幾句說錯話時，作為補救的實用句。

◎沒人笑的時候「裝可憐」

你說了某個哏，但沒人笑。

「蛤，我剛講的是笑話耶！」

「大家都覺得不好笑嗎？真是大打擊……」

像這樣「我很希望能逗大家笑，但卻失敗了……」將這種遺憾的心情表現給大家，反而會讓人想笑。說話的時候，試著加入一點「裝可憐」的要素。

另外，你也可以說：

「大家都不笑，好吧，那我不再說笑話了。」

「其實我接下來才要開始講笑話。」

可是有些一板一眼的人會把這些玩笑話當真，所以還是裝可憐比較保險一點。

下面我再介紹一個升級版的補救金句。

◎「那個誰誰誰都會捧場笑一下的說～」

比如說，**「我們家的狗都會捧場笑一下的說～」**

或許有人會吐槽說：哪有會笑的狗、看到狗在笑只是你的幻想吧？不過，可以肯定的是，他們都是笑著吐槽的。

你也可以說：

「我們家鄉的ＸＸＸ都會捧場的說～」

「鄉下的老婆婆都會捧場笑一下的說～」

可以與自己周遭的世界做連結，順便自嘲自己眼界狹小。

◎利用重複，強迫對方發笑

還有一招是「重複」。透過反覆提及，誘使人發笑。適合在你精心設計好的哏不被接受時使用。

「大家好像沒聽懂，那我再說一次好了。」

假設眾人依舊不笑，你再說：

「好吧，我再說一次。這是最後一次囉！」

這一招使出來，很少人承受得住，應該會笑出來。

如果大家還是不笑，就說：「好吧，我決定今天都不說笑話了」或「好啦，我知道不好笑，今天都不說笑話了」，讓對方感受到你正在耍小脾氣。

還有一種情況是，第一次說的時候，大家覺得不好笑，過一陣子再提起就會很好笑。

「哎呀，我怎麼又提起這個，明明就不好笑。」

只要讓觀眾覺得，「你真的很喜歡講這個耶！」現場氣氛就會變得輕鬆許多。這麼一來，一開始聽眾覺得「不好笑的地方」，後來就能順理成章地當作鋪哏的材料。

◎不可以強迫大家「這時候應該要笑才對」

有一句話千萬不要說，那就是：

「現在可以笑了。」

在演講的場合特別容易聽到這句話對吧？像是，有人說了一個笑話，但沒有人捧場，於是他就說：「現在應該要笑才對」、「通常這時候要笑一下」。

這是**雙倍的尷尬**。就是因為他的哏不好笑，大家才不笑，好死不死他又用上位者的語氣命令大家，當然會使得氣氛更加尷尬。就算大家真的笑了，也只是勉強配合。所以說，基本的原則還是「放低自己的身段」。

別忘了，成功逗笑大家之後，不要留戀，立刻進入下一個話題。有些人會因為成功逗笑大家，太開心了，又補了一句「終於讓大家笑出來了」、「你們總算肯捧我的場了」，這是畫蛇添足，只會打亂說話的節奏。成功逗笑大家後，畫下句點，直接往下走就對了！

公式 55

說錯話不用怕，有很多招式可以補救的。

結語

我作為電視導播，每天腦子想的就是如何逗樂電視機前的觀眾朋友。

記得我剛當上導播時，非常努力將自己覺得有趣的東西做成企劃，企圖展現自己的能力。之後，我做節目的原則變成，只用流行的技術做當紅的題材。

而現在，我做節目只有一個原則，那就是「好玩就好！」說真的，我一點也不在意收視率，只希望觀眾看過之後，心裡可以留下「真有趣」的印象就夠了。幸運的是，即使我這樣子做節目，還是能得到觀眾的喜愛。

與人交談時也一樣。開朗的人容易讓人留下深刻的印象，讓人下次見面還想再聊。同樣地，有趣的人比較容易被大家接納。

為什麼有趣的人容易被大家接納？那是因為有趣的人懂得開放心胸，先接納別人。聽起來有點像是禪宗公案……總之，想成為有趣的人，最重要的一點就是——「**笑容**」。

不管是口拙也好，太過緊張也好，總之，先露出笑容吧！大腦是很不可思議的器官，當它感受到主人在笑，就會以為現在遇到很有趣的事，心情便開朗起來。先行動再說，大腦讀取到這個訊息後，你的心情就會跟著改變。

假如，只有心情改變而不行動，結果仍是在原地踏步。所以我建議先行動再說。只需要一點點勇氣。只要笑就行了！

如果你有上過綜藝節目就知道，即使你覺得自己已經表現出很自然的樣子，但節目播出後，你一定會嚇一大跳：明明我的動作和表情都和平時一樣，但在電視上看起來卻像擺著一副臭臉。因為每個上電視的人都希望能用笑容帶給觀眾歡樂，所以大家都拚了命地展露笑容，相較之下，你就變成臭臉了。

換個角度想，原來只要露出笑容，就能傳達出愉快的氛圍。

想要變成有趣的人，要先從欣賞別人的有趣開始。每個人都喜歡別人露出笑容，認真聽自己說話。不過，笑要發自內心，而不是不停傻笑。心態很簡單，就是與人為善而已。

越來越多人因為不擅長聊天而感到苦惱。其實，他們大多數的障礙都來自於一點：太過在意對方的看法。一直為自己是否受人喜愛而提心吊膽的人，絕對無法變得有趣。因為，這樣的人總是露出一副悶悶不樂的樣子。

透過笑容傳達率直、開朗、愉快的情緒給對方。這麼一來，談話的氣氛就會變得十分輕鬆愉快。然後，再照著本書介紹的技巧去實踐。相信我，你一定會對大家的反應感到驚訝。

希望這本書能夠改變你的溝通能力，讓四處充滿愉快的談話與笑聲。

當「有趣的人」，非常開心。

當「有趣的人」，能帶給自己自信。

透過改變自己的勇氣與笑容，讓自己成為一個「有趣的人」吧！

二〇一五年一月　吉田照幸

成為有趣人的55條説話公式

日本最幽默導演教你用「聊天」提升人際魅力，
讓你職場、情場、交友、演講、自我介紹……處處無往不利！

「おもしろい人」の会話の公式

気のきいた一言がパッと出てくる！

國家圖書館出版品預行編目 (CIP) 資料

成為有趣人的 55 條說話公式 / 吉田照幸著
; 鄭舜瓏譯 .
-- 初版 . -- 臺北市 : 遠流 , 2016.10
面； 公分
譯自 :「おもしろい人」の会話の公式
ISBN 978-957-32-7884-9(平裝)

1. 說話藝術 2. 人際關係

192.32 105015477

作　　者　吉田照幸
譯　　者　鄭舜瓏
執行編輯　鄭智妮
行銷企劃　李雙如
美術設計　賴維明

發 行 人　王榮文
出版發行　遠流出版事業股份有限公司
地　　址　臺北市南昌路 2 段 81 號 6 樓
客服電話　02-2392-6899
傳　　真　02-2392-6658
郵　　撥　0189456-1
著作權顧問　蕭雄淋律師

2016 年 10 月 1 日　初版一刷
2018 年 3 月 13 日　初版十八刷
定　　價　新台幣 280 元（如有缺頁或破損，請寄回更換）

ISBN 978-957-32-7884-9

遠流博識網　http://www.ylib.com/　E-mail ylib@ylib.com

"OMOSHIROI HITO" NO KAIWA NO KOSHIKI
BY TERUYUKI YOSHIDA